AF532965

Carl-Ludwig Paeschke

Flughafen Tempelhof

NORDMARK
LUFTHANSA

Carl-Ludwig Paeschke

Flughafen Tempelhof

Die Geschichte einer Legende

Osburg Verlag

Frontispiz: Eine Focke Wulf Fw 200 A-0 der Lufthansa kurz vor dem Start vom Flughafen Tempelhof. Foto: Alexander Stöcker, 1938.

Erste Auflage der vollständig überarbeiteten Neuausgabe 2023

www.osburgverlag.de

Lektorat: Bernd Henninger, Heidelberg
Korrektorat: Annette Bockler-Osburg, Ratzeburg
Umschlaggestaltung: Judith Hilgenstöhler, Hamburg
Satz: Hans-Jürgen Paasch, Oeste
Druck und Bindung: CPI books GmbH, Leck
Printed in Germany
ISBN 978-3-95510-337-8

Für
Siegfried Niedek

Inhalt

Vorwort

Totgesagte leben länger, heißt es. Ob dieser Spruch auch auf Flughäfen zutrifft – es scheint so! Zumindest bei Tempelhof. Denn genau genommen ist dieser Flughafen für den Luftverkehr schon vor 15 Jahren wohl endgültig geschlossen worden. Und trotzdem nimmt das Interesse von Luftfahrtenthusiasten in aller Welt nicht ab.

Tempelhof ist ein Mythos, eine Legende. Tempelhof zieht die Menschen an. Der Flughafen ist geronnene, erinnerungsvolle Geschichte. Seit 1923 landeten und starteten für 85 Jahre hier Flugzeuge, überflogen die Dächer der Anwohner, Passagiere schauten in ihre Wohnzimmer. In all diesen Jahren hat sich eine Unmenge von Geschichten auf und um diesen Flughafen herum zugetragen, die zu erzählen mehr als eines Buches oder einer Dokumentation im Fernsehen bedürfte. Viele dieser Geschichten sind Geschichten von Abschied und Begrüßung, wie man sie von jedem Flughafen dieser Welt erzählen könnte. Andere sind wiederum einmalig, wie auch dieser Flughafen einmalig war und ist. Er erfüllte, wie wohl kein zweiter, die moderne Funktion, die einem Flughafen zukommt: Tor zur Stadt zu sein, modernes Stadttor. Der Fluggast tritt aus dem Gebäude und betritt die Stadt. Tempelhof ist in seinem tiefsten Sinn ein Ort des Ankommens und des Abreisens. Welcher Airport von heute kann das von sich sagen, denkt man an die Großflughäfen weit vor den Städten überall auf der Welt, die in den Jahrzehnten nach dem Krieg entstanden sind? Von einer baulichen Identität ganz zu schweigen.

Was also kann man von einem Buch über einen Flughafen wie Tempelhof erwarten? Von diesem hier zumindest keine Bauanleitung und auch keine architektonische Gesamtwürdigung. Solche Bücher sind schon geschrieben und nur für ein Fachpublikum interessant. Zugegeben: Der Flughafen hat etwas Gigantisches. Als größtes Gebäude der Welt geplant, ist er noch heute das größte Baudenkmal Europas. Doch erst die Menschen, die es sahen, dort Geschichten und Geschichte erlebten, machen es interessant. Viele dieser Geschichten sind hier versammelt und meist zum ersten Mal veröffentlicht. Den Zeitzeugen, die sie mir erzählten und anvertrauten, gehört darum mein Dank. Viele von Ihnen konnte ich bereits in den 90er-Jahren interviewen. Ihre Erinnerungen an die frühen Jahre des Flughafens könnten so heute nicht mehr eingeholt werden. Zusammen mit den Erinnerungen jüngeren Datums, die ich aktuell erfahren durfte, bilden sie einen Schatz, der zwischen zwei Buchdeckeln die Jahre überdauern und dem Mythos Tempelhof helfen soll, lebendig zu bleiben.

Danken möchte ich auch meinem Freund und Historiker Professor Laurenz Demps, mit dem ich 1998 die erste Ausgabe dieses Buches veröffentlicht habe. Seine Arbeit ist auch in das aktuelle Buch eingeflossen und natürlich weiterhin gültig.

Last but not least gilt mein Dank Professor Holger Steinle, der die Arbeiten des Berliner Fotografen Alexander Stöcker dem Vergessen entrissen hat und die nun dieses Buch schmücken.

Dabei sind mir die Lücken und Versäumnisse in der Gesamtdarstellung auch bei dieser überarbeiteten und aktualisierten Neuauflage durchaus bewusst. Aber die vollständige Chronik eines Flughafens – wer wollte sie lesen? Ich bitte darum schon an dieser Stelle die Flughafen- und Luftfahrtexperten um Nachsicht, dass nicht jedes jemals auf Tempelhof gelandete oder gestartete Flugzeug Erwähnung findet und auch sonst viele technische Details vernachlässigt werden. Einen Anspruch auf Vollständigkeit hat dieses Buch nicht, und wer ihn meint zu erfüllen, ist unredlich. Vielmehr sollen die Atmosphäre, das Gefühl für Tempelhof neben den historischen Fakten und wichtigen Daten auf den folgenden Seiten für möglichst alle Leser lebendig werden.

Dem großen Publikum, das sich auf die Geschichte von und die Geschichten über den Flughafen Tempelhof freut, wünsche ich viel Spaß bei der Lektüre!

Berlin, im Juni 2023

Wie alles begann

Brachland und Paradeplatz: Das Tempelhofer Feld

Tempelhof – geradezu mystisch klingt dieser Name, der heute für einen Berliner Bezirk und für einen Flughafen steht. Der Flughafen wurde nach dem Bezirk benannt, in dem er sich befindet, und der Bezirk? Er kann auf eine lange Tradition zurückblicken, die bis ins dunkle Mittelalter reicht.

Der Name Tempelhof geht auf eine alte Komturei, das Ordenshaus der Tempelritter, zurück, die erstmals 1247 erwähnt wurde. Nach der Aufhebung des Ordens verfügten die Johanniter über das Gelände, die es 1435 an die Städte Berlin und Cölln verkauften. Auf der Tempelhofer Feldmark, die fast bis an die beiden Städte heranreichte, entstanden nach 1533 die kurfürstlichen Weinberge und im 19. Jahrhundert Landhäuser. Seit 1722 dienten die noch unbestellten Felder und die Brache im Frühjahr den sogenannten »Revuen« der preußischen Armee, bei denen die Berliner Regimenter im großen Stile vor dem König exerzierten und ihre Leistungsfähigkeit demonstrierten.

Berühmt wurde die Parade anlässlich der Hochzeit des Kronprinzen Friedrich – später König Friedrich II. oder der Große – mit Elisabeth von Braunschweig-Wolfenbüttel im Juni 1733. Vor geladenen Gästen aus vielen Höfen Europas paradierte die Armee stundenlang nach einem genau einstudierten Reglement ohne Kommandos. Die Formationen wurden durch Kanonenschüsse dirigiert und stellten so ihre Leistungen und Fähigkeiten zur Schau. Das trug wesentlich zum Ruf dieser Armee bei.

Gegen die militärische Nutzung gab es Proteste vonseiten der Bauern; zwar wurden sie entschädigt, falls Schäden auftraten, aber der Übergang zu moderneren Methoden der Landbearbeitung und die Ablösung der Dreifelderwirtschaft wurden empfindlich durch das Militär gestört. Nach 1806, nach der Katastrophe des preußischen Staates, verzichteten die Militärbehörden deshalb zunächst auf diese Revuen und nahmen sie dann auch nach den Befreiungskriegen nicht wieder auf. Aber das Militär wollte auf das Gelände, das so dicht an der Stadt lag, nicht verzichten. 1826 und 1828 verkauften acht Bauern ihre Höfe an den Militärfiskus. Es folgte die Separation, die Aufteilung des Bodens an die Bauern und den Grundbesitzer, die die freie Verfügung über das Land ermöglichte. Daran war der Militärfiskus herausragend beteiligt. Die Akten vermelden: »Von der Königlichen General-Commission unter dem 10. Mai 1840 bestätigten Separations Rezeß hat der Militär-Fiscus die von ihm acquirierten einzelnen Ländereien als separates Besitztum überwiesen erhalten.« Es folgt eine Aufzählung von Anteilen an 13 Bauerngütern, so von einem gewissen Rohrbeck, Schule Kreggart. Weitere Grundstücke wurden dann gekauft, sodass eine zusammenhängende Fläche zur militärischen Nutzung angelegt werden konnte. Dazu gehörte zum Beispiel auch das Lorenz'sche Bauerngut im Oberland mit einer Größe von 337 Morgen und 83 Quadrat-Ruthen. Insgesamt übernahm das Militär 13 Bauerngrundstücke in einem Gesamtumfang von 2136 Morgen und 57 ½ Quadrat-Ruthen. Südlich der Hasenheide war so der »Exercier-Platz der Berliner Garnison« entstanden.

Nach der Heimkehr der siegreichen Truppen nach dem Krieg gegen Frankreich stellte sich die Preußische Armee in ihrem ganzen Glanz auf dem Tempelhofer Feld dar. Die eroberten französischen Adler wurden der Berliner Bevölkerung gezeigt, und nach der Reichseinigung und der Kaiserkrönung paradierte erstmals ein großer Truppenkörper vor dem Kaiser. Ein Soldat wurde ob der Anstrengungen ohnmächtig, der Kaiser wurde unruhig, das Pferd reagierte nervös, und der »Kaisersturz von Tempelhof«, bei dem Seine Majestät ins Gras fiel, ging in die Geschichte ein.

Viel Platz für kreative Köpfe: Die ersten Flugversuche

Die militärische Nutzung der großen Fläche – der Name der Paradestraße erinnert noch heute daran – hielt das Gelände von größerer Bebauung frei. Es lag günstig in seiner Anbindung an die Stadt, denn die Regimenter mussten es »zu Fuß« erreichen können; Momente, die sich später als ein ungeheurer Standortvorteil erweisen sollten.

Westlich von ihm entstand auf der Feldmark von Schöneberg der Bahnhof der »Militär-Eisenbahn« (1874) sowie der Übungsplatz des Eisenbahn-Regiments (1873). Neben der Kaserne für das Eisenbahn-Regiment befand sich die Unterkunft der Luftschifferabteilung. Das große Gelände vor der Stadt bot nicht nur alle Möglichkeiten einer modernen militärischen Ausbildung, sondern hatte Raum, um neue Entwicklungen auszuprobieren. Gerade die neu aufgebaute Luftschifferabteilung auf dem Gelände benötigte viel Platz, bot aber andererseits Erfindern unterschiedlicher Couleur Möglichkeiten, ihre Entwicklungen zu erproben. Das Militär hatte daran größtes Interesse, konnten dabei doch auch Einsatzmöglichkeiten für seine Zwecke angedacht werden. Dabei gab es mehr als einmal Pannen und Pleiten, denn viele Erfinder widmeten sich dem neuen Metier, es gab keine Erfahrungen. Man tüftelte und stellte Theorien auf, unterschätzte in der Regel aber die Windkräfte und die physikalischen Eigenschaften der Flugapparate.

Aufsehen erregte die Panne des Malers Arnold Böcklin. Dieser verstand es immer wieder, die unterschiedlichsten Kreise für seine Flugprojekte zu begeistern. 1893 bauten die Tempelhofer Luftschiffer nach seinen Anweisungen einen derartigen Apparat, der extrem leicht sein musste, da er sich nach Meinung Böcklins sonst nicht in die Lüfte erheben könnte. Das erste Gerät wurde nach dem Herausziehen aus dem Schuppen von einer Windbö erfasst und riss die Konstruktion hoch, die dann, gegen die Schuppenwand gepresst, zerschmetterte. Der zweite Versuch

Die Luftschifferabteilung schickt einen Fesselballon auf seine Jungfernfahrt. Holzstich nach einer Zeichnung von E. Hosang, 1894.

mit einem ähnlichen Apparat misslang ebenfalls. Ein Windstoß zerbrach die leichten Flügel. Böcklin konnte nur mühsam von einem Selbstmord abgehalten werden, zu dem er angesichts der bitteren Pleite entschlossen war.

Vier Jahre später, am 12. Juli 1897, kam es dann zum wohl ersten überlieferten tragischen Flugunfall auf dem Tempelhofer Feld.

Der Leipziger Buchhändler Dr. Hermann Wölfert, ein Flugpionier, hatte ein 800 Kubikmeter fassendes, ellipsoides Luftschiff konstruiert. Auf dem Tempelhofer Feld wollte er es Sachverständigen und Offizieren der Berliner Luftschifferschule demonstrieren. Der Körper des Luftschiffes war – wie damals üblich – mit Wasserstoff gefüllt. Ein gefährliches, leicht brennbares Element. Beim Probelauf des kleinen 8-PS-Motors, der das Schiff antreiben sollte, waren schon Flammen aus dem Auspuff geschlagen.

Trotzdem stieg Wölfert mit seinem Mechaniker Knabe auf. Die Fahrt stand von Anbeginn unter keinem guten Stern, denn schon beim Aufstieg verlor das Schiff sein Seitenruder und war manövrierunfähig. Wölfert stieg weiter. Als das Schiff eine Höhe von etwa 600 Metern erreicht hatte, sahen die Zuschauer am Boden, wie eine Stichflamme aus dem Ballon schoss und das Luftschiff zu Boden raste. Die verkohlten Leichen der beiden Pioniere wurden auf dem Tempelhofer Feld geborgen. Zwei erste Opfer der Luftfahrt, die heute nahezu vergessen sind.

Unfälle und Katastrophen passierten auch anderen Erfindern, aber jede Niederlage erbrachte Lehren, auf denen aufgebaut werden konnte. 1881 erfolgte die Gründung des Deutschen Vereins zur Förderung der Luftschifffahrt. Es war ein kleiner Kreis von 17 Personen, der sich die Aufgabe gestellt hatte, »... die Luftschifffahrt in jeder Weise zu fördern sowie darauf hinzuarbeiten, dass die Lösung des Problems der Herstellung lenkbarer Luftschiffe mit allen Kräften unterstützt wird. Im Besonderen aber eine permanente Versuchsstation zu unterhalten, um alle in Bezug auf die Luftschifffahrt auftauchenden Erfindungen zu prüfen und eventuell zu verwerten.«

Das war ein erster Schritt, um die Kräfte zu bündeln und neue Möglichkeiten zu finden, um den alten Traum des Ikarus, den Menschenflug, zu ermöglichen. Es waren Enthusiasten, Besessene, die sich die neuen technischen Möglichkeiten zu eigen machen und in Neuland vorstoßen wollten. Zu bedenken ist, es gab auf diesem Gebiet keine Forschung, alles stand am Anfang. Man wusste eigentlich gar nichts von Aerodynamik, Auf- und Abwinden, physikalischen Gegebenheiten und Materialeigenschaften. Man wollte fliegen, setzte sehr einseitig auf den Ballon und auf das in der Öffentlichkeit lebhaft erörterte Luftschiff und meinte, dass man dies allein durch praktische Erfahrung erreichen könnte. Dabei entstanden die aberwitzigsten Theorien, über die man heute nur noch schmunzeln kann.

Die Eröffnung neuer Dimensionen: Graf Zeppelin und der erste Motorflug

Wichtig wurde die Tätigkeit des Vereins durch seine Propagierung des Ballonsports und des Fluggedankens. In Vorträgen und Veröffentlichungen warben die Mitglieder unermüdlich für den Fluggedanken und seine Realisierung. Man sammelte Geld und versuchte, einflussreiche Persönlichkeiten zu gewinnen, sich diesem Gedanken zu widmen. Böcklin und Lilienthal, Mitglieder dieses Vereins, gingen einen anderen Weg. Sie waren beeinflusst vom Gedanken des Vogelflugs, und insbesondere Lilienthal veröffentlichte mehrere Arbeiten über dieses Thema – so 1889 das auch international vielbeachtete Buch »Der Vogelflug als Grundlage der Fliegekunst« –, den er zur Grundlage seiner Flugexperimente machte.

Wissenschaftliche Einrichtungen begannen zögerlich, sich ebenfalls dem Problem zu nähern. Das 1886 gegründete Meteorologische Institut in Berlin machte auf aerodynamische Vorgänge aufmerksam. Der Schritt von der Theorie zur Praxis konnte entscheidend beeinflusst werden.

Das Jahr 1900 brachte dann in die Entwicklung des Flugwesens auf dem Tempelhofer Feld einen entscheidenden Impuls. Die Tempelhofer Luftschiffer zogen in neue Kasernen in der Jungfernheide nach Reinickendorf. Zwei Konstrukteure – Graf Zeppelin und Major von Parseval –, die sich seit Längerem mit den theoretischen und praktischen Problemen der Luftschiffe befasst hatten, konnten praktische Ergebnisse ihrer Arbeit vorweisen. Am 2. Juli 1900 stieg am Bodensee das erste Luftschiff (Z 1) in die Luft. Es verunglückte wie zwei weitere (Z 2 und 3). Aber man konnte aus diesen drei Versuchen lernen, erreichte Teilerfolge. Zeppelin und Parseval entwickelten gegensätzliche Prinzipien. Zeppelin favorisierte das starre Modell des Luftschiffs, das heißt, aus Aluminium wird ein zylinderförmiges Gerippe gebaut und mit Stoff bespannt. In diesem Hohlkörper liegen dann mit Gas gefüllte Einzelhohlkörper. Direkt unter dem Körper des Luftschiffs hängen die

Gondeln für die Motoren, für die Fahrgäste und die Fracht. Die Propeller, die von den Motoren angetrieben werden, sind etwas abstehend von dem Körper des Luftschiffes angebracht.

Parseval bevorzugte das unstarre System, das aus einer dicken Gashülle aus Ballonstoff bestand. Starre Stabilisierungsflächen am Ende des Luftschiffs halten es in der Position. Die Gondel mit dem Motor ist direkt am Tragekörper aufgehängt. Das Militär, vertreten durch das Luftschifferbataillon, setzte sich für einen halbstarren Typ – nach französischem Vorbild – ein, bei dem die Gondel Teil eines langen starren Trägers ist, der sich unter dem Tragekörper durch die Konstruktion zieht.

1907 erklärte sich die Militärverwaltung bereit, ein Luftschiff vom Typ Zeppelin zu übernehmen, wenn es folgende Bedingungen erfüllte:

1. 24 Stunden ununterbrochene Fahrt,
2. 700 Kilometer ununterbrochene Fahrstrecke,
3. ein vorbestimmtes Ziel muss erreicht werden und
4. eine Landung auf festem Boden möglich sein.

So entstand das Z 4, das auf seiner Probefahrt am 1. Juli 1908 das Erstaunen der Welt hervorrief. Auch dieses Schiff war vom Unglück verfolgt, denn bei seiner zweiten Probefahrt geriet es in der Nacht vom 4. auf den 5. August am Boden in Brand und wurde vollständig vernichtet. Das eigentliche Ergebnis aber war die Begeisterung, die dieses elegante, lautlose Verkehrsmittel hervorgerufen hatte. Aus der Begeisterung heraus entstand eine »Zeppelin-National-Spende«, die es dem finanziell angeschlagenen Grafen Zeppelin ermöglichte, im Jahre 1909 die Luftschiffbau-Zeppelin GmbH in Friedrichshafen zu errichten. Es kam – für alle unfassbar – die damals ungeheure Summe von 6 100 000 Mark zusammen.

In einer Zeit, in der die Werbung erste erfolgversprechende Versuche unternahm und die Öffentlichkeit begierig neue Entwicklungen und Sensationen begrüßte, stellte sich der Flug von

Z 3 – umgebaut und vergrößert – nach Berlin im August 1909 als der große Durchbruch für den Fluggedanken heraus. Fast ganz Berlin war auf den Beinen. Militärkapellen spielten, Kirchenglocken wurden geläutet – Volksfeststimmung! Majestätisch umkreiste Z 3 Berlin und landete Punkt 13.52 Uhr in der Jungfernheide. Dort wurde die Besatzung von Kaiser Wilhelm II. und seiner Familie sowie von den Spitzen der preußischen Generalität empfangen.

Aber auch Major Parseval konnte mit seinen Entwicklungen Erfolge vorweisen. Andere Konstruktionen, so die von Schütte-Lanz, zeigten ebenfalls brauchbare Ergebnisse. Ballonwettfahrten, Massenaufstiege von Ballons lösten ein Flugfieber aus. Die Lösung des Problems Luftschifffahrt zog Impulse für andere Entwicklungen nach sich, die alle von vornherein öffentlich bekannt waren und von der Öffentlichkeit begeistert begrüßt wurden.

Der erste Motorflug der Brüder Wright am 17. Dezember 1903 stieß dann ein anderes Fenster auf und gab der Flugentwicklung einen entscheidenden Impuls in Richtung auf das Flugzeug. Verbissen arbeiteten die Brüder an ihrer Entwicklung, und am 5. Oktober 1905 können sie eine 39 Kilometer lange Strecke in nur 39 Minuten durchfliegen. Sie versuchen, ihren Erfolg zu vermarkten, und bieten die Patente für den Flugapparat den verschiedensten Regierungen an. Auch das französische Kriegsministerium erhielt ein derartiges Angebot, 1 Million Francs wollten die Wrights haben, für 600 000 war man bereit zu kaufen. Die Gebrüder Wright lehnen ab und verkaufen ihr Patent und das Recht zum Nachbau für 500 000 Francs an eine französische Kapitalgesellschaft, die ihnen eine Beteiligung am Verkauf sichert.

Das Preußische Kriegsministerium, das ebenfalls ein Angebot erhalten hatte, lehnte ab. Frankreich dagegen entwickelt sich zur Hochburg des europäischen Motorflugs. Am 21. September 1908 gelang es Wilbur Wright, auf dem Truppenübungsplatz in Avours in Frankreich einen neuen Rekord aufzustellen; er flog 1 Stunde, 31 Minuten und 25 4/5 Sekunden auf einer Strecke von 66,6 Kilometern mit dem Geschwindigkeitsrekord von 60 Stundenkilometern.

Das stellte einen wichtigen Impuls für die französische Industrie dar. Flugzeugwerke und Flugzeugschulen entstanden. Großes Aufsehen erregte der französische Flieger Louis Blériot, als er am 25. Juli 1909 in 38 Minuten den Ärmelkanal überflog. Frankreich wurde das Mekka für alle Flugbegeisterten.

Im August 1909 kam Orville Wright für zwei Wochen nach Berlin, um hier für seine Flugzeuge zu werben. Er war ein Showtalent – und die Berliner strömten aufs Tempelhofer Feld, um den Amerikaner fliegen zu sehen. Das Militär hatte einen Teil des Geländes abgesperrt. Dicke Taue hielten die Zuschauer zurück. Eine Militärkapelle sorgte für Stimmung, und die Show konnte losgehen. Man schrieb den 4. September 1909.

Vorsichtig wurde der Flugapparat aus einem Schuppen gezogen und auf eine Startschiene gesetzt. Ihm fehlte noch das Fahrwerk, und er brauchte deshalb eine Startvorrichtung, die ihn mit der nötigen Startgeschwindigkeit in die Luft katapultierte. Wright ließ den Motor an, und die Maschine schoss vorwärts, himmelwärts. Knapp eine Minute dauerte der Flug, und die Berliner jubelten. Erneut startete Wright und wieder und wieder. Jedes Mal blieb er länger in der Luft. Man war begeistert und sparte nicht mit Applaus. Die Berliner Zeitungen hatten ihre Story. Tag für Tag wurde über die neuen Rekorde des Flugpioniers berichtet. Auch bei Hofe verfolgte man die Sensation. Besonders der Kronprinz fand Gefallen an der Geschichte und beschloss, nach Tempelhof hinauszufahren. Wilhelm II. lehnte ab. Schließlich war es kein Deutscher, der den Himmel über Tempelhof durchmaß!

Wright steigerte sich von Tag zu Tag, stellte – wie nebenbei – den Höhenweltrekord ein, indem er einen feststehenden Ballon in 160 Meter Höhe noch um 25 bis 30 Meter überflog. Und er tat etwas Ungeheures: Er nahm Passagiere an Bord. Ein kluges Marketingkonzept! Nur wer einmal mitgeflogen war, bekam Geschmack auf einen Flugkurs bei Wright und war ein potentieller Kunde für ein eigenes Flugzeug aus seiner Werkstatt.

Auf dem Bornstedter Feld bei Potsdam eröffnete Wright die erste Flugschule Berlins, und auch der Kronprinz konnte nicht umhin und nahm seine Einladung an. Dass sein Vater, der Kaiser, daraufhin »in die Luft« ging, hatte er anscheinend nicht bedacht. Ein längerer Hausarrest beendete die Fliegerkarriere des jungen Hohenzollern.

Begeisterung wird kommerzialisiert: Flugwoche und Flugschauen

Aber die Flugbegeisterung war in Deutschland nicht mehr zu bremsen. Nur der Gedanke des Motorflugs fand bei der Industrie und den staatlichen Stellen zunächst wenig Anklang, denn man hatte sich auf den Zeppelin und den Ballon festgelegt.

In den Kreisen des Militärs war man der Meinung, dass die Lufthoheit in einem möglichen Krieg mit Frankreich doch wohl besser durch Luftschiffe zu erreichen war. Zeppelin hatte in einer Studie darauf hingewiesen, dass das Motorflugzeug dem Zeppelin nicht ebenbürtig sei. Eine Studie des Inspekteurs der Verkehrstruppen ging sogar soweit, das Flugzeug als bedeutungslos zu bezeichnen. Einzig der Industrielle Dr. Karl Lanz, selbst an der Konstruktion und dem Bau von Luftschiffen beteiligt, überwies dem Berliner Verein für Luftschifffahrt 50 000 Mark zur Unterstützung deutscher Lufttechniker und stiftete den »Lanz-Preis der Lüfte« zur Entwicklung des Flugzeugs, das von einem Deutschen konstruiert, in Deutschland gebaut und von einem Deutschen geflogen werden musste.

Industrielle und Flugbegeisterte gingen einen Schritt weiter und konzipierten ein Programm für eine Schau, auf der der Stand der Entwicklung in der Luftfahrttechnik demonstriert werden sollte. Es sollten finanzstarke Personen und Unternehmen gefunden werden, die bereit waren, in den Flugzeugbau und die Entwicklung der Flugmotoren zu investieren.

Daraus entstand das Programm für eine »Internationale Luftschifffahrts-Ausstellung« – kurz ILA genannt. Als erster Veranstaltungsort war München vorgesehen, aber das Vorhaben fand bei der Stadtobrigkeit wenig Gegenliebe, und so wichen die Veranstalter nach Frankfurt am Main aus und wollten dort vom 10. Juli bis 10. Oktober 1909 ihr Vorhaben verwirklichen. Das traf sich mit dem Bemühen in Deutschland – wie im Übrigen in zahlreichen anderen Ländern auch –, ein Feld zu finden, auf dem ein Flugplatz errichtet werden konnte. Das bisher zur Verfügung stehende Gelände – Exerzier- oder Truppenübungsplätze – reichte nicht aus. Es konnte immer nur provisorisch hergerichtet werden, da es zumeist anderen Zwecken diente. Es fehlten Unterkünfte, Schuppen und so weiter sowie eine straffe Organisation der Fläche.

Folgende Bedingungen musste ein derartiger Platz nach dem damaligen Stand der Überlegungen erfüllen:

1. Er musste in der Nähe einer Großstadt liegen, denn die Zuschauer sollten bei den öffentlichen Vorführungen das notwendige Geld für den Unterhalt der Anlage einbringen,
2. der Flugplatz musste bequem mit öffentlichen Verkehrsmitteln erreichbar sein,
3. Nähe zur Großstadt bedeutete Nähe zur Industrie, denn um den Flugplatz sollte sich Industrie ansiedeln, einerseits, um Impulse für die technische Entwicklung zu haben und zu geben, und anderseits, um das Gelände durch Verpachtung und Vermietung zu verwerten,
4. das Gelände zum Starten und Landen durfte keine Hindernisse enthalten, und der gesamte Platz sollte eben sein und eine horizontale Fläche haben.

Derartige Flächen waren schwer zu bekommen, denn sie befanden sich entweder bereits im Besitz von Boden- und

Terraingesellschaften, die auf diesen Flächen die Städte erweitern wollten, oder aber das Militär verfügte über sie. In Frankreich fand man einen derartigen Ort in der Nähe von Reims, in Deutschland kaprizierten sich alle Überlegungen mehr und mehr auf Berlin. Hier dachte man daran, die Rennplätze in Berlin-Grunewald oder Berlin-Karlshorst für derartige Zwecke herzurichten, denn sie verfügten über alle Bedingungen. Das zerschlug sich aber sehr bald, denn die Betreiber der Rennbahn hielten zu Recht dagegen, dass der Flugbetrieb das Training der Pferde sowie die Rennen beeinträchtigen könnte. Die Initiatoren des Vorhabens »Deutsche Flugplatzgesellschaft« Kapitän zur See Eduard von Pustau, der Major Georg von Tschudi und der Unternehmer Arthur Müller mussten eine andere Lösung finden.

Diese bot sich auf dem Gelände zwischen Adlershof und Johannisthal, und im Spätherbst des Jahres 1908 liefen die Verhandlungen zur Pacht von 300 Hektar Waldgelände aus dem Besitz der preußischen Forste sowie einiger angrenzender Flächen aus Privatbesitz. Bereits im Dezember begannen Eisenbahn-Pioniereinheiten mit der Rodung der Kiefern und Eichen sowie der Planierung des Geländes.

In die Zeit der Herrichtung des Areals fiel die Eröffnung des ersten europäischen Flugplatzes in Bétheny in Frankreich, dessen Einrichtung Maßstäbe setzte und die Entwicklung in Johannisthal beeinflusste. Insbesondere die Einrichtungen für das Publikum wurden verbessert, denn dessen Geld sollte ja das Unternehmen finanzieren.

Mit einem enormen Paukenschlag, mit der ersten deutschen Flugwoche mit großer internationaler Beteiligung, konnte der Flugplatz Johannisthal in der Zeit vom 26. September bis 3. Oktober 1909 eröffnet werden. Erwartungsgemäß gab es Skandale, gerichtliche Auseinandersetzungen und sonstiges Spektakel, und die Betreibergesellschaft war eigentlich pleite, denn die Flugwoche war auch ein finanzieller Misserfolg. Neue Anstrengungen waren nötig, für die aber das Geld fehlte. Fieberhaft suchten alle Beteiligten nach einem Ausweg, den sie dann darin sahen, den erwähnten »Lanz-Preis der Lüfte« unbedingt nach Johannisthal zu holen.

Es konnte als Bewerber für diesen Preis Hans Grade, ein Flugpionier aus Magdeburg, gewonnen werden. Und nun begann eine für damalige Zeit noch wenig bekannte Bearbeitung der Presse, damit diese das notwendige Publikum auf den Platz »locken« würde. Der Eintritt lag zwischen 3 und 4 Mark, ein stolzer Preis für die damalige Zeit.

Grade gelang am 30. Oktober 1909 der Durchbruch sowohl in der Entwicklung des Flugzeugs in Deutschland als auch in der Gunst des Berliner Publikums, das diesem neuen Reiz in Scharen gefolgt war und so indirekt auch die Flugplatz-Gesellschaft vor dem Ruin bewahrte. Sie wurde nach einigen Spekulationen und nicht immer ganz sauberen Geschäften zur neuen Kapitalgesellschaft, der Flug- und Sportplatz GmbH Berlin-Johannisthal. Die große Zeit der Flugentwicklung in Berlin, an diesem Ort, begann mit dem Jahre 1910.

Eine neue Ära zeigte erste Konturen, noch waren alles Einzelerscheinungen; Flugzeug und Automobil stellten sich als Vorboten einer neuen Zeit. Die Benutzung des Kraftfahrzeugs diente noch Repräsentationszwecken, das Flugzeug war noch etwas für technische Enthusiasten. Die Mehrheit der Bevölkerung stand noch staunend am Straßenrand und am Rand des Flugplatzes, aber es begann jener Prozess, den viele Publizisten als die »zweite Transportrevolution« bezeichneten. Alles waren Vorboten einer Zeit, in der der Exklusivcharakter des Reisens verlorenging und sich der Tourismus demokratisierte. Voraussetzung dafür war die Entwicklung des Autos und des Flugzeuges als Massenverkehrsmittel. Vor dem Ersten Weltkrieg konnte man dies nur erahnen, aber das Flugzeug schien das Tor zu einer neuen Dimension des menschlichen Fortschritts aufzustoßen, und das Publikum konnte daran als Augenzeuge teilnehmen.

Das Tempelhofer Feld aber war in erster Linie für die Militärs bestimmt, die zum größten Teil weiter mit beiden Beinen auf dem Boden standen.

Blick aus einem Ballon auf das Tempelhofer Feld mit der Luftschifferkaserne. Die militärische Abteilung hatte hier um 1890 Quartier bezogen und nutzte das riesige Gelände für militärische Übungen und die Erprobung neuer Entwicklungen in der Luftfahrt. Foto um 1900.

Hans Haberstroh, geboren 1909 in Rixdorf, wie er immer stolz erzählte, kannte das Tempelhofer Feld noch aus der Zeit, als es des Kaisers Paradefeld war. Und er erinnerte sich gut, wie es dort einst aussah, als noch kein Mensch an einen Flughafen dachte.

»Wir Jungens sind auf das Tempelhofer Feld noch spielen gegangen. Da war ein Wäldchen, da waren Schützengräben, Unterstände, in denen die Soldaten geübt haben. Und das war für uns natürlich ein toller Spielplatz. Auf der Neuköllner Seite war der sogenannte Franzosenpfuhl, in dem wir im Frühjahr Kaulquappen gefangen haben. Und dann war da noch die Wrangel-Kaserne. Da war die Schlosswache stationiert. Wir Kinder haben immer geguckt, wenn die Wache mit Musik von der Kaserne zum Schloss marschierte. Bei dieser Gelegenheit habe ich auch mal den Kaiser gesehen. Da muss ich aber noch ein sehr kleiner Junge gewesen sein. Das war, glaube ich, sogar noch vor dem Krieg. An der Stelle, wo heute der Jahn-Park ist, waren damals die Schießstände. Das war ein gesperrtes Gelände, für die Zivilisten gab es aber Schießstand-Karten. Die wurden an der Friesen-Kaserne, dort, wo heute die Polizei untergebracht ist, ausgegeben. Die Jahreskarte hat, glaube ich, 1 Mark gekostet, und dafür konnte man dann dort spazieren gehen, wenn nicht gerade die Soldaten geübt haben. Das war auch damals schon ein Park.«

Gewohnt hat Hans Haberstroh mit seinen Eltern in der Kaiser-Friedrich-Straße, später hieß sie dann Sonnenallee, unter Hitler Braunauer Straße, und jetzt heißt sie wieder Sonnenallee. Die Straße, durch die heute der Verkehr von Neukölln nach Treptow rauscht, ging damals nur bis zur S-Bahn-Station. Bis Treptow kam dann nur noch Feld. Beschaulich muss es gewesen sein. Vergleichbar vielleicht nur mit den Jahren der Mauer, als die Sonnenallee zum Grenzübergang führte und wenig befahren war.

»Aber schon während des Krieges 1914 bis 18 gab es Flugzeuge auf dem Tempelhofer Feld. Mit der ›Rumpler Taube‹ haben Soldaten den Abwurf von sogenannten ›Fliegerpfeilen‹ geübt. Das waren Bomben, die noch per Hand abgeworfen wurden. Nach dem Krieg wurden die Maschinen dann von der Post genutzt. Ich erinnere mich, dass ich mit einem Spielkameraden Anfang der Zwanzigerjahre immer auf das Tempelhofer Feld gerannt bin, um die Flieger zu begrüßen. Und einmal ist er nicht rechtzeitig genug beiseite gesprungen. Dem hat der Propeller den Kopf zerschlagen.«

Die Militärverwaltung begann sich ab 1910 für das Flugzeug zu interessieren. Die Versuchsabteilung der Verkehrstruppen schloss am 31. März 1910 einen Vertrag mit den Albatros-Werken zur Ausbildung von Offizieren zu Fliegern, und im Dezember 1911 erwarben die Militärbehörden das erste Flugzeug, das auf dem inzwischen gebauten Militärflughafen in Döberitz stationiert wurde. Im Januar 1912 entschied das Preußische Kriegsministerium den beschleunigten Aufbau einer Fliegertruppe, die bis zum 1. Oktober aufgestellt wurde. Zu ihr sollten 328 Offiziere und Mannschaften gehören. Das war der Durchbruch, auf den die kleinen Fertigungsstätten und ausgebildeten Piloten gewartet hatten. Die Serienproduktion von Flugzeugen lief an, und Johannisthal begann sich zu einem Zentrum der Luftrüstung zu entwickeln.

Es fehlte aber Geld; man erinnerte sich an die Spende für den Luftschiffbau und begründete eine ähnliche für die Entwicklung der Flugzeuge und den Aufbau der Fliegertruppe. Im April 1912 wurde in den Ausstellungshallen am Zoo die »Allgemeine Luftfahrtzeug-Ausstellung« veranstaltet und propagiert: »Ein starkes deutsches Fliegerwesen tut not!« Eine »Nationalflugspende« wurde eingerichtet, die binnen kurzer Zeit mehr als 7 Millionen Mark zum Aufbau einer deutschen Fliegertruppe einbrachte. Ein enormer Impuls zum Aufbau einer Flugzeugindustrie und dem Ausbau von Fliegerschulen, der allerdings für viele kleine Unternehmen den Ruin bedeutete. Es entstand die Deutsche Versuchsanstalt für Luftfahrt, die ihren Sitz in Johannisthal nahm.

Der Erste Weltkrieg brachte für die Entwicklung der Fliegerei und den Ausbau der Flugzeugindustrie enorme Anforderungen an die Ausbildung von Fliegern und den Ausbau der Flugzeugindustrie mit sich. Das Flugzeug war zur Waffe geworden.

Der »Griff nach den Sternen« schlug aber bekanntlich fehl, und der Versailler Friedensvertrag von 1919 bestimmte im Artikel 198: »Deutschland darf Luftstreitkräfte weder zu Lande noch zu Wasser als Teil seines Heereswesens unterhalten.« Der Flugplatz Johannisthal glich einem Flugzeugfriedhof. Vorhandene Apparate wurden ausgeschlachtet, Motoren und Einzelteile verkauft, zerschlagen oder verschrottet. Der militärische Weg der Flugzeugentwicklung hatte sich als Irrweg erwiesen und war am Ende; die blühende Flugzeugindustrie fiel in sich zusammen. Millionenwerte wurden vernichtet, und es bestand ein Neubauverbot für militärisch zu nutzende Flugzeuge. Das war schwer durchzusetzen, denn die Technologie der Maschinen war noch wenig differenziert, mit ein paar Handgriffen ließen sich Militärflugzeuge in Zivilflugzeuge umfunktionieren. Und so wurden die Flugzeuge, die nach dem Abschluss des Waffenstillstands fertig und ausgeliefert wurden, geprüft, mit einem Posthorn versehen und für den Bedarfsluftverkehr in Betrieb genommen.

Tempelhof wird Flughafen

Weitreichende Entscheidungen: Auf dem Weg zum »Luftkreuz Europas«

Bereits im Sommer 1917 hatten weitsichtige Unternehmer in einer Denkschrift über den Aufbau einer zivilen Variante der Flugzeugentwicklung nachgedacht. Sie gründeten am 13. Dezember 1917 in Johannisthal die Deutsche Luftreederei GmbH. An ihr waren die AEG und die Zeppelin-Werke beteiligt. Das neugeschaffene Reichsluftamt erteilte den Unternehmen am 5. Januar 1919 die Lizenz, zunächst Propagandaflüge abzuhalten und später Personen zu befördern, so am 6. Februar 1919 zwischen Berlin und Weimar, um die Verbindung mit der dort tagenden Nationalversammlung aufrechtzuerhalten. Der Flug am 6. Februar nach Weimar mit 40 Briefen, 65 Kilogramm Zeitungen und einem Kurier bewies die Zweckmäßigkeit und Schnelligkeit einer derartigen Nutzung des Flugzeugs. Insgesamt 120-mal flogen Maschinen der DLR im Dienste der Reichsregierung nach Weimar. Es folgten am 1. März Verbindungen nach Hamburg, am 15. April nach Hannover und Gelsenkirchen sowie Verbindungen zu den Seebädern. Alles war noch mit großen Unbequemlichkeiten für die Passagiere verbunden, denn zunächst nutzte man umgebaute Militärflugzeuge für diese Zwecke. Aber man war schneller am Bestimmungsort, ebenso konnten Postsendungen und Pakete rascher befördert werden, allerdings zu sehr hohen Preisen. Zunächst aber wurden im Januar 1919 Flugzeuge als Werbeträger für den Wahlkampf zur Nationalversammlung eingesetzt und mit ihrer Hilfe Mengen von Flugblättern abgeworfen.

Weitere Unternehmungen – insgesamt 30 – folgten, die den zivilen Luftverkehr als attraktiv erscheinen ließen. Ein neuer Markt zeichnete sich ab. Viele Flugzeugfirmen wagten den Schritt, denn sie mussten neue Abnehmer für ihre Produkte finden. Zur

Leipziger Messe flogen 1919 die ersten Passagiere mit dem Flugzeug. Zwischen Staaken und dem Bodensee verkehrten Zeppeline für zivile Bedürfnisse. Ein erstes Netz des Linienflugverkehrs entwickelte sich, zum Teil am Bedarf der Saison ausgerichtet.

Im Mai 1922 fielen dann die Beschränkungen für den Neubau von Flugzeugen. Militärflugzeuge durften nach wie vor nicht gebaut werden – einige Firmen waren ins Ausland ausgewichen, um dieses Verbot zu umgehen –, aber Zivilflugzeuge konnten entwickelt und gebaut werden. Dazu gab es genaue Begriffsbestimmungen: Neubauten durften nur 600 Kilo Nutzlast tragen, 170 Stundenkilometer schnell sein und eine Steigleistung auf 4000 Meter besitzen. Das war wenig, aber immerhin. Alle zwei Jahre wurden diese Begriffe neu gefasst und den internationalen Entwicklungen angepasst. Größere Flugzeuge mussten im Ausland gebaut und zugelassen werden. Das gab Irritationen und Schwierigkeiten in Fülle. Nur mühsam konnte sich die zivile Nutzung durchsetzen. Da international der Gedanke des Luftverkehrs Raum griff, fand allerdings die Beseitigung dieser Beschränkungen auch Unterstützung außerhalb Deutschlands. So formulierte die International Air Traffic Association (IATA), nach dem Krieg in Den Haag gegründet, dass Deutschland im weitgespannten Netz des internationalen Flugverkehrs das »Luftkreuz Europas« darstellte, und forderte die Aufhebung der Beschränkungen. In diesem ursprünglichen Wortlaut wurde die Aussage allerdings nicht von Presse und Literatur überliefert. Die Aussage wandelte sich bald in die Formulierung »Berlin – das Luftkreuz Europas«.

Noch stellten die Flugplätze in Staaken und Johannisthal die Ausgangspunkte für den Luftverkehr dar. Aber beide lagen zu weit vom Zentrum Berlin entfernt; Staaken 24 Kilometer und Johannisthal 12 Kilometer. Die Kosten für die An- und Abfahrt der Passagiere und der Fracht waren zu hoch und schlugen auf die Rentabilität.

Johannisthal konnte mit seinen industriell genutzten Anlagen wenig Raum für Erweiterung und vor allem für

Bequemlichkeiten der Passagiere bieten. So fiel der Blick auf das Gelände des Militärs in Tempelhof. Es lag bequem zur Stadt Berlin, konnte vom Zentrum rasch erreicht werden. Bei dieser Entscheidung trafen sich zwei politische Strömungen, die des Reiches – wegen der besseren Verkehrsverbindungen – und die der Stadt – wegen der zunehmenden Bedeutung Berlins im internationalen Luftverkehr.

Der vorstädtische Charakter Tempelhofs hatte sich gewandelt. Der Norden war durch das Gelände des Militärs bestimmt, im Süden und Osten bildeten die Feldmarken von Marienfelde und Britz die Grenzen. Seit 1841 zog sich die Trasse der Berlin-Anhaltinischen-Eisenbahn durch das Gelände und markierte die Grenze zu Schöneberg. Die Ringbahn, die nach 1865 entstand, erschloss das Gelände, teilte es aber auch. Südlich der Ringbahn lagen das Gut Tempelhof und die letzten Bauernstellen. Die eingeschränkten Restflächen ließen wegen ihrer Oberflächenstruktur eine intensive landwirtschaftliche Nutzung nicht zu.

Nach 1862 wandelte sich der Charakter des Ortes. Die Nähe zu Berlin ließ diese Flächen für die weitere Ausdehnung der Stadt interessant werden. Der Architekt Friedrich Hitzig entwarf 1864 einen Bebauungsplan für das Gelände südlich der Militäreinrichtungen. Aus einer ländlichen Dorfgemeinde entstand ein der Großstadt Berlin nahe liegendes Gemeindewesen, das 1920 als Bezirk in die Reichshauptstadt Groß-Berlin einbezogen wurde.

Die neue Situation nach 1918 ließ weitreichende Entwicklungen zu. Nach langen Auseinandersetzungen war die Groß-Gemeinde Berlin entstanden, die in sich, und durch kluge Politik gefördert, eine der modernsten Großstädte der Welt zu werden versprach. Bisherige Hindernisse waren durch die Revolution und den Staatsbankrott des Kaiserreiches beseitigt. Insbesondere das Militär hatte sich aus eigenen Interessen heraus immer wieder gegen die Großgemeinde gewandt, da es im Umland von Berlin über großen Landbesitz verfügte und zu Recht annahm, dass dieses Gelände vor allem für die weitere flächenmäßige

Das Flughafenhäuschen: Wahrzeichen für die Flughafengründung, die am 8. Oktober 1923 feierlich begangen wurde.

Entwicklung der Stadt benötigt werden würde. Nun – nach dem Friedensvertrag von Versailles – spielte das Militär eine untergeordnete Rolle. Zahlreiche Flächen in unmittelbarem Anschluss an die Kernstadt verloren ihre Funktion, die militärische Nutzung. Sie waren frei und verursachten nur hohe Kosten. Für die neuentstehende Reichswehr waren sie auch nur bedingt attraktiv, denn sie lagen zu sehr in der Nähe der Stadt, waren einsehbar, konnten nicht erweitert und somit auch neuen militärischen Anforderungen – zum Beispiel denen der Kraftfahrtruppe – nicht angepasst werden.

Obwohl sich schnell Übereinstimmung zwischen Staat und Stadt herstellen ließ, drückten zunächst andere Sorgen, die Inflation erreichte ihren Höhepunkt und ließ kaum Raum für weiterreichende Gedanken. Das Reichsverkehrsministerium und das Reichspostministerium richteten ihren Blick für die Lösung des Standortproblems – nicht ganz so sorgenvoll wie die städtischen Behörden – immer stärker auf das Militärgelände in Tempelhof. Innerhalb der Magistratsverwaltung war es Dr. Ing. Leonhard Adler, der als Stadtbaurat für Verkehr vehement für den Standort Tempelhof als neues Flugplatzgelände eintrat. Er erkannte die überaus günstige Lage des eingemeindeten Feldes.

Ein Flugplatz auf diesem großen, nun innerhalb der Stadt gelegenen Gelände, das war einmalig. Keine andere Großstadt der Welt hatte eine derartig günstig gelegene Fläche. Die Stadt aber wollte nicht, die neu gegründete Berliner Messe AG favorisierte das Gelände als Standort für die geplanten Messeeinrichtungen der Stadt. Zu diesem Ergebnis kam dann auch die Stadtverordnetenversammlung im Jahre 1922.

Aber Dr. Adler blieb bei seinem Engagement für den Standort als dem Zentralflughafen. Er sicherte sich die Zustimmung der Reichsbehörden, die über das Gelände verfügten und ebenfalls diesen Ort favorisierten. Nur bauen konnten sie nicht, einerseits fehlten die Mittel, und anderseits lief die gesamte Entwicklung auf die Nutzung durch ein städtisches Unternehmen zu. Nun galt es, die Zustimmung und Unterstützung der Luft- und Reiseverkehrsunternehmungen zu sichern. Adler gelang es, Aero Lloyd und Junkers zusammenzubringen und mit ihnen einen Vertrag zu schließen. Diese Unternehmen erklärten sich bereit, einen provisorischen Flugplatz vorzufinanzieren. Das taten sie im Übrigen nicht ungern, denn angesichts der Geldentwertung infolge der Inflation konnten sie auf diese Art und Weise wenigstens einen Teil ihrer Gewinne anlegen, das heißt die Überschüsse vom Vortag wurden an die Arbeitslosen ausgezahlt, mit deren Hilfe das Gelände hergerichtet wurde.

Adler besorgte von den Reichsbehörden die notwendigen Genehmigungen, und am Nordrand des Tempelhofer Feldes wurde ein Stück Land planiert, damit die kleinen und leichten Flugzeuge starten und landen konnten. An der Grenze zur Hasenheide entstanden zwei Hallen aus Holz als Schuppen für die Wartung und Reparatur der Flugzeuge und daneben ein kleines, primitives Stationsgebäude, das die Aufschrift »Flughafen Berlin« erhielt. Das war Programm!

Die notwendigen Papiere und die Konzession lagen im Herbst 1923 vor, und am 8. Oktober 1923 konnte der Flughafen feierlich eröffnet werden. Zu diesem Zweck hatte Dr. Adler den gesamten Magistrat eingeladen und raffiniert eine Kulisse aus

Flugzeugen um den Eröffnungsplatz gestellt. Man traf sich an der Paradepappel, dem Ort, an dem der Kaiser vor den Paraden bisher begrüßt worden war. Auch dies war Teil des sorgfältig geplanten Programms, denn die Vertreter der Stadt, die nicht gerade im besten Einvernehmen mit dem Kaiserhaus gelebt hatten, traten so die Nachfolge des Kaisers vor Ort an und trafen sich zu einer Veranstaltung für eine friedliche Zukunft und nicht zu einer Parade.

Natürlich war alles nur ein Provisorium, aber eine Demonstrationswand und ein Modell zeigten einen künftigen Flughafen Tempelhof. Geschickt argumentierte Dr. Adler mit Grafiken und Tabellen, Plänen und Zahlen, um den Magistrat von den Vorteilen des Standorts zu überzeugen. Zum Schluss erhielten alle Magistratsmitglieder einen kostenlosen Rundflug. Unglücklicherweise stürzte ein Flugzeug ab, und zwei Magistratsmitglieder fanden den Tod. Trotz dieses tragischen Vorfalls war der Widerstand gegen den Standort gebrochen, und als Dr. Adler mitteilen konnte, dass der Chef der Heeresleitung bereit sei, falls hier ein Flugplatz entstünde, den Preis für das Gelände herabzusetzen, war der Widerstand endgültig begraben. Ohne Gegenstimme fiel die Entscheidung, das Tempelhofer Feld als Zentralflughafen und nicht als Messegelände zu nutzen. Das Provisorium – und nichts ist bekanntlich dauerhafter – konnte zu einem Flughafen ausgebaut werden.

Der Eröffnung am 8. Oktober 1923 widmete die Abendausgabe des Berliner Tageblatts einen kleinen Artikel – sehr groß war der Flughafen ja auch nicht – und vermerkte die ersten Starts:

»Pünktlich um 10 ½ Uhr starten zwei Maschinen zum Fluge nach München und Danzig. Für die südliche Strecke stieg ein Junkers-Ganzmetallapparat (früher Haland) auf, während nach dem fernen Osten [wohlgemerkt, Danzig war das Ziel!] der Deutsche Aero-Lloyd einen Dornier-Komet … abschickte.«

Andere Zeiten, anderes Fernweh. 1923 fanden insgesamt 100 Starts und Landungen statt, 150 Passagiere und 1300 Kilogramm Fracht konnten befördert werden. Zunächst ein sehr mageres Ergebnis.

Man war sich aber sicher, das konnte nicht so bleiben. Im Folgenden waren die Rechts- und Finanzverhältnisse zu klären sowie ein Konzept für den Flughafen zu entwickeln. Das war nur gemeinsam zwischen den staatlichen und städtischen Einrichtungen zu realisieren. Die Federführung übernahm der Magistrat von Berlin, hier konkret Dr. Adler. Für die damalige Zeit war das eine neuartige, weltweit einmalige Aufgabe. Ein neuzeitlicher Flughafen war zu entwickeln und konnte – dank der zur Verfügung stehenden großen Fläche – ohne Rücksicht auf Bestehendes nach den neuesten Überlegungen in Angriff genommen werden. Man verfügte über gewisse Erfahrungen, die sich aber im Wesentlichen auf den Werksflugverkehr, die Militärfliegerei und die ersten Erfahrungen des Zivilverkehrs beschränkten. Man konnte kühn in die Zukunft denken und Neuland betreten, denn die Entscheidungen vor Ort betrafen nicht nur diesen Flughafen. Die Anlage hatte mustergültig für folgende zu sein und stellte deshalb eine Zukunftsaufgabe dar.

Auf Müll gebaut: Die Flugbahnen und der erste Bau nehmen Gestalt an

Am 19. Mai 1924 konnte die Berliner Flughafen-Gesellschaft m.b.H. gegründet werden, die mit dem Bau betraut wurde. Ihre Aufgabe war es, »den Ausbau und Betrieb des Flughafens auf dem Tempelhofer Feld und anderer Luftverkehrseinrichtungen in Berlin« zu leiten und zu organisieren.

Dr. Adler behielt die Gesamtleitung und stand der Gesellschaft vor. 1. Geschäftsführer wurde Oberbaurat Otto F. Saurnheimer, unter dessen Gesamtleitung in den folgenden Jahren die Bauten der ersten Flugplatzanlage entstanden. 1925 wurde der Polizeimajor a. D. Rudolf Böttger 2. Geschäftsführer, der ab 1933 bis zum Ende des Zweiten Weltkriegs die Geschäfte allein führte. Zunächst beteiligte sich nur die Stadt Berlin mit einem Kapital

Die Anfänge: das alte Flughafenrestaurant und das Postamt 1925. Später wurden beide in das Flughafengebäude integriert.

von 500 000 Goldmark an dem Unternehmen. Am 4. Juni 1923 kam es zum Vertragsabschluss zwischen der Stadt Berlin und dem Militärfiskus. In dem Vertrag hieß es: »Die Stadt Berlin verpflichtet sich, von der ihr übereigneten Fläche des Tempelhofer Feldes rund 36 Hektar zur Anlage eines Flugplatzes zu verwenden, falls aus den Restflächen des Tempelhofer Feldes die für einen Flughafen notwendige Fläche zum Ankauf bereitgestellt wird.« Das geschah, und nun konnte die weitere Ausformung der Gesellschaft vorgenommen werden. Am 27. September 1924 stieg das Deutsche Reich in die Gesellschaft ein, und die Kapitaldecke wurde auf 1 200 000 Goldmark erhöht. Am 27. April 1925 folgte eine Kapitalerhöhung auf 2 Millionen Goldmark, die von der Stadt Berlin getragen wurde. Nachdem auch der Staat Preußen sich beteiligte, konnte das Gesamtkapital auf 4 Millionen Goldmark erhöht werden, von denen die Stadt Berlin 52,4 Prozent hielt und das Deutsche Reich sowie der Staat Preußen jeweils 23,8 Prozent.

Die Flughafengesellschaft benötigte nicht das gesamte Gelände, die Restfläche sollte für Sportanlagen und Kleingärten genutzt werden. 1927 erhielt das Militär Teile des nicht benötigten Ostfeldes zurück. Mit dem Ausbau wurde bereits nach Abschluss des Verkaufsvertrags begonnen. Besondere Schwierigkeiten machte das Planieren des Geländes. Erhöhungen von bis zu 4 Metern und Vertiefungen von bis zu 5 Metern mussten abgetragen und gefüllt, der leichte Abfall des Geländes nach Süden ausgeglichen werden. Rund 300 000 Kubikmeter Boden waren zu bewegen. Von denen kamen 140 000 vom Bau der Nord-Süd-Bahn der Berliner U-Bahn, die auf einem besonderen Schienenweg auf das Gelände transportiert wurden. Weiterer Füllboden kam von der Berliner Müllabfuhr. Für längere Zeit wurde das Flughafengelände Endstation für den Berliner Müll, etwa 18 000 Fuhren wurden herangekarrt und bildeten die Füllmasse für den Untergrund.

Der Rasen wollte und wollte nicht anwachsen. 45 Tonnen Grassamen und 225 Tonnen Kunstdünger erbrachten nicht das gewünschte Ergebnis. Erst der Naturdünger von den Rieselfeldern aus Waßmannsdorf und Groß-Ziethen förderte dann allmählich den Graswuchs. Eine Herde Schafe tat das Übrige, sie sorgte für die Pflege des Grüns und die Düngung des Bodens.

Einer Werbebroschüre der Berliner Flughafen-Gesellschaft m.b.H. aus dem Jahre 1931 können wir folgende Selbstdarstellung entnehmen: »Berlin-Tempelhof ist dank seiner günstigen Lage und seines großen Flugbetriebes einer der beliebtesten Besuchspunkte Berlins für Einheimische und Fremde geworden. Aus dem ehemaligen Exerzierfeld und Paradefeld mit riesigen Sandflächen, zahlreichen Gräben und Bodenwellen wurde in mühevoller und kostspieliger Arbeit während vieler Baujahre eine Anlage geschaffen, die als Flughafen schon heute weltbekannt ist. Vor 10 Jahren stand hier noch kein Stein auf dem anderen. Auf dem 1 500 000 qm großen Gelände wurde die Sandfläche mit Lehm überzogen und besamt, sodass allmählich eine staubfreie, feste Grasnarbe entstand. 200000 qm erhielten eine feste Betonfläche, um als Start- und Landebahnen den Verkehr zu erleichtern.« Hier werden einige Teile des wenig parfümierten Untergrunds des Flughafens unterschlagen.

Die Architekten Paul Mahlberg und Heinrich Kosina erbauten in zwei Abschnitten zwischen 1926 und 1927 sowie 1928 und 1929 das Empfangsgebäude als dauerhaften Bau nach einem mit dem ersten Preis ausgezeichneten Wettbewerbsentwurf der Architekten Paul und Klaus Engler. Vom Gesamtprogramm der geplanten Anlagen waren damit etwa zwei Siebtel fertiggestellt. Ständig musste an dem Plan für das Empfangsgebäude weitergearbeitet werden, da sich die Dimensionen der Flugzeuge veränderten und der Umfang des Flugverkehrs immer mehr zunahm. Vorherrschend blieben deshalb für lange Zeit die Provisorien.

Das Empfangsgebäude lag – anders als heute – im Norden der Anlage. Es wurde an den Verkehr von und nach Berlin durch eine neue Straße angebunden, die in Verlängerung der Paradestraße über den Tempelhofer Damm nach Osten gezogen wurde; auf Stadtplänen der Zwanzigerjahre ist sie als Verlängerte Paradestraße ausgewiesen. Wo sich diese beiden Straßen kreuzten, entstand der Untergrundbahnhof »Flughafen« – seit 1937 »Paradestraße«. Weiterhin entstand eine zusätzliche Straße zwischen dem damaligen Volkspark Hasenheide und dem Garnisonsfriedhof, die direkt auf das Empfangsgebäude zulief. Diese Straße führte nach Norden, und etwa am heutigen Südstern stieß sie auf die Hasenheide. Hier war ein zweiter U-Bahn-Anschluss durch den heutigen U-Bahnhof »Südstern« möglich. Diese Straße, im Verlauf der heutigen Lilienthalstraße erkennbar, wurde angelegt, aber nicht richtig ausgebaut, sodass die Verkehrsanbindung an die Stadt Berlin zwar durch die Lage des Flughafens hervorragend war, aber im Detail mühsam, denn der Zentralflughafen war nur durch einen langen Fußmarsch oder die Straßenbahnlinie 35 unmittelbar zu erreichen. Ein Buspendelverkehr zwischen der westlichen Innenstadt, vom Kurfürstendamm, sollte dieses Manko ausgleichen.

Das Empfangsgebäude ist 93 Meter lang und 20 Meter breit. Es ist leicht gekrümmt und wird mit Klinkern verkleidet. Etwa 1929 sind die Anlagen in dem Zustand, dass ein ordnungsgemäßer Betrieb möglich ist. Flugzeughallen, eine Radiostation, eine Wetterstation und Ähnliches bestimmen das Bild der großzügigen Anlage. Nach der kleinen Schrift der Berliner Flughafen-Gesellschaft aus dem Jahre 1931 bot sich dem Nutzer folgendes Bild: »Die großen Hallen können Flugzeuge bis zu 40 Meter Spannweite aufnehmen, und die übrigen Betriebsanlagen gestatten die Abwicklung des internationalen Luftverkehrs mit einer für den Laien erstaunlichen Selbstverständlichkeit. Beim Betreten des Flughafens fällt dem Besucher sofort die Hauptgliederung auf: In der Mitte das Betriebs- und Verwaltungsgebäude, rechts und links die großen Flugzeughallen. Der Fluggast gelangt zunächst in die Abfertigungshalle, in der wir Verkaufsstände, Auskunftsstelle, Wechselstube, Pass- und Zollabfertigung finden, kurz eine mit allen Einrichtungen ausgestattete moderne Bahnhofshalle. Von der Abfertigungshalle führen die Gänge in das elegante Mitropa-Restaurant, an der großen Hoteltafel vorbei in die übrigen Säle, auf der Ostseite zum Postamt ›Berlin Flughafen‹, zum Flughafenfriseur, und über die Treppen zur Dachterrasse mit etwa 1200 Sitzplätzen, Restaurationsbetrieb und Tanzflächen.

Vor der Mitte des Verwaltungsgebäudes liegt zum Flugplatz hin die Funkstation mit ihren beiden 45 Meter hohen Masten. Der große Zuschauerplatz wird durch die Funkstation und den sogenannten Flug- und Zollsteig, der zu den ankommenden und abfliegenden Flugzeugen führt, in zwei Teile geteilt, die untereinander durch einen Tunnel verbunden sind. Beim Blick nach Westen fällt unser Auge auf den 16 Meter hohen Scheinwerferturm. Der Scheinwerfer selbst ist tagsüber versenkt und wird bei anbrechender Dunkelheit hochgekurbelt.«

Soweit die Details, die auf eine damals moderne, aber heutigen Standards nicht mehr genügende technische Ausstattung verweisen. Schwerpunkt war das gesellschaftliche Ereignis Fliegen.

Etwa in Höhe der Paradestraße – also mitten auf dem heutigen Flugfeld – lagen dann die Hallen zur Wartung der Flugzeuge sowie Einrichtungen des Flughafens. Das alte Gebäude der Abfertigungsanlagen war bei Kriegsbeginn in Benutzung, da die neuen Gebäude noch nicht fertiggestellt waren. Bei Kriegsende wurde es zerstört.

Ein Bild von Tempelhof: Alexander Stöcker und seine Aufnahmen

Der Name Alexander Stöcker (1896–1962) ist fest mit der Geschichte der Luftfahrt verbunden. Der Berliner hat seit den 1920er-Jahren die Entwicklung der Luftfahrt mit seiner Kamera begleitet.

Anfang der 1950er-Jahre machte er seine letzten Aufnahmen. Nach seinem Tod 1962 gerieten er und sein Werk langsam in Vergessenheit, sein Archiv war nicht mehr auffindbar, galt als verschollen.

Bis Professor i. R. Holger Steinle, der fast dreißig Jahre Chef der Luft- und Raumfahrt-Abteilung des Deutschen Technikmuseums Berlin war, 2013 überraschend vom Verbleib der Sammlung erfuhr und den Besitzer des Stöcker-Nachlasses, der ihn der Nachwelt erhalten hatte, nach Jahren überzeugen konnte, das Lebenswerk von Alexander Stöcker einem öffentlichen Archiv anzuvertrauen.

Inzwischen dürfte der leidenschaftliche Luftfahrthistoriker der profilierteste Kenner Stöckers sein. Er arbeitet an einer umfangreichen Werkschau, stellt aber jetzt schon einige der schönsten und markantesten Motive Alexander Stöckers, die am Flughafen Tempelhof entstanden, für dieses Buch zur Verfügung. Es sind nicht die typischen »Tempelhof-Bilder«, wie man sie überall findet. Alexander Stöcker hatte eine eigene Handschrift.

»Er musste nicht unbedingt mit seinen Fotografien Geld verdienen. Dass merkt man vielen seiner Motive auch an. Nicht, dass er Kunstfotos erschaffen wollte, aber er wollte mit seinen Aufnahmen Berichte gestalten, er wollte Bildberichter sein. Das war ein Begriff, der nach 1900 entstand und der auch unter den Fotografen kontrovers diskutiert wurde. Aber Alexander Stöcker war einer der Ersten und einer der Besten. Viele andere folgten und die lieferten ihre Geschichten für die immer mehr aufkommenden illustrierten Blätter. Es gab in Leipzig die ›Illustrirte Zeitung‹, das war eine der Ersten. Es gab die ›Berliner Illustrirte‹ (auch noch ohne ›ie‹) aus dem Ullstein-Verlag, der dann in den 1920er- Jahren eine Vielzahl von Blättern für – wie man heute sagen würde – unterschiedlichste Zielgruppen auf den Markt warf.

Und für diese Magazine arbeitete auch Stöcker. Er lieferte seine Geschichten als Fotografien-Folge mit eigenem Text ab. Man konnte einer Handlung also als Leser folgen. Beispielsweise ›Nachtflüge der Lufthansa‹: Da sieht man anhand von acht oder zehn Fotografien, was da passiert: das Flugzeug wird betankt, die Besatzung kommt und geht zum Wetterdienst, die Maschine wird startklar gemacht, die Passagiere steigen ein und so weiter. Der Text dazu erläutert die Details. Das macht die Geschichte für den Leser, im wahrsten Sinne des Wortes, anschaulicher.

Dabei hat er ganz besonders auch auf die technische Qualität seiner Bilder geachtet: Er fotografierte fast sein ganzes Berufsleben mit Glasplatten im Format 13×18 oder mit 6×9 Negativ-Film. Kleinbildfotografie war ihm ein Gräuel. Und er legte bei der Bildgestaltung größten Wert auf Brillanz. Er legte Wert auf Licht und Schatten, Wolkenbilder in unterschiedlichsten Schattierungen. Er komponierte seine Motive, er gruppierte Menschen um sein Objekt, er suchte bestimmte Perspektiven. Da spiegelt sich dann die Maschine in einer großen Pfütze auf dem Vorfeld. Man merkt einfach, welche Mühe er sich mit seinen Aufnahmen gemacht hat, dass er seine optische Idee mit seiner Kamera umgesetzt hat. Das sind nicht einfach nur Schnappschüsse, das ist auch schon Kunst.

6. April 1926: mit einem Flug Berlin–Zürich nimmt die Deutsche Luft Hansa ihre Linienflugverkehr auf. Alexander Stöcker fotografierte seine Frau Margarete beim Einstieg.

Übrigens sehr oft dabei: seine Ehefrau Magarete. Ich habe sie auf vielen seiner Aufnahmen gefunden. Eine der frühen Aufnahmen mit ihr ist der Erstflug der Deutschen Luft-Hansa. Da sehen wir sie beim Einsteigen.

Zur Fliegerei kam er schon ziemlich früh. 1921 besuchte er ein Segelflieger-Treffen auf der Wasserkuppe in der Rhön. Da waren ein paar merkwürdige Menschen, die in Zelten übernachteten, es regnete viel und es wurde wenig geflogen. Stöcker holte sich nasse Füße, wie er später berichtete, aber er fand alles sehr interessant. Und was ihm besonders gefiel: er war der einzige Bildberichter. Er hatte eine Marktlücke gefunden. Ein Sujet, das zunächst nur er bediente. Von da ab fuhr er jedes Jahr in die Rhön und überall dorthin, wo sich die Segelflieger trafen. Der Bestand allein seiner Segelflugmotive dürfte 1000 bis 2000 Glas- oder Filmnegative umfassen.

Und man darf ja nicht vergessen: mit den damaligen Möglichkeiten, war das Fotografieren von bewegten Objekten durchaus anspruchsvoll. Aber er hat die technischen Probleme gut in den Griff bekommen. Und so war es nur eine Frage der Zeit, bis die deutschen Luftfahrtunternehmen auf ihn aufmerksam wurden. Vorne dabei die 1926 gegründete Deutsche Luft-Hansa, deren Haus- und Hoffotograf Stöcker wurde. Und deswegen war er auch ständig in Tempelhof und hat auch die zahlreichen Flugveranstaltungen begleitet, wo unter anderen dann auch Ernst Udet auftrat.

Der Neubau des Flughafens hat ihn sehr interessiert: Von den überlieferten Aufnahmen des Großmodells sind viele von ihm, die Bauarbeiten hat er eifrig begleitet, bis dann im Krieg der Baustopp kam.

Zum Nazi-Regime scheint er insgesamt eine größere Distanz gewahrt zu haben. Er hatte von seinem Vater ein Mietshaus in Berlin-Friedenau geerbt und war dadurch finanziell ziemlich unabhängig. Er war also nicht gezwungen, Bilder um jeden Preis zu verkaufen. So war er nicht in der NSDAP oder in anderen Parteigliederungen, mit Ausnahme des Verbandes der Bildberichter.

Aber das gehört auch zur Wahrheit: er hat sich die Erlaubnis, bei der neu geschaffenen Luftwaffe fotografieren zu können, regelrecht erkämpft. Und viele seiner Fotos sind dann auch im ›Adler‹, der Propagandaillustrierten des Oberkommandos der Wehrmacht erschienen. Aber sogenannte Heldengeschichten hat er keine geschrieben. Die Faszination des Fliegens stand immer im Vordergrund: alles schöne, unblutige Aufnahmen. Auffällig ist auch, wie wenig das Hakenkreuz auf seinen Aufnahmen auftaucht. Dabei war es am Heck jeder Maschine damals vorhanden.«

Zum Flughafen drängte es ihn dann wieder mit Beginn der Luftbrücke. Interessanterweise sind aber seine Aufnahmen außerhalb des Flughafengeländes entstanden. Professor Steinle hat dafür eine eigene Theorie:

»Ich kann es nicht beweisen, aber der ›Luftbrücken-Fotograf‹ war ja Henry Ries, ein emigrierter Berliner, der zunächst mit dem US-Militär in seine Heimatstadt zurückkam. Ab 1946 arbeitete er als Fotojournalist für die *New York Times* und Tempelhof war der Flughafen der Amerikaner in ihrem Sektor. Es könnte also sein, dass Ries sich so die Konkurrenz auf dem Gelände von Tempelhof vom Leibe gehalten hat.

Stöcker hat dann wohl aus der Not eine Tugend gemacht. Gerade aus der Endphase der Luftbrücke 1949 haben wir sehr schöne Aufnahmen von an- und abfliegenden Maschinen gefunden.

Übrigens bei den Briten, die ja in Gatow ihren Flughafen hatten, hat Stöcker auch während der Luftbrücke auf dem Gelände fotografieren können.

Anfang der 1950er-Jahre hat Alexander Stöcker seine Karriere als Fotograf, als Bildberichter, beendet. Eines der letzten Fotos, das er auf dem Flughafengelände machte, zeigt den neu errichteten Vorbau für die provisorische Fluggastabfertigung. Das Foto muss also nach dem Juli 1951 entstanden sein. Denn von da an war Tempelhof auch Zivilflughafen.«

Fliegen hat Hochkonjunktur: Luft Hansa und 20 Flugschauen pro Jahr

Auf dem Flughafen entwickelte sich sehr schnell ein quirliges Leben. Bei der Eröffnung 1923 steckte die Luftfahrt noch in den Kinderschuhen. Vieles, was heute zum normalen Leben auf einem Flughafen gehört, musste erst geschaffen und erprobt werden; andere Wege erwiesen sich als falsch oder als Einbahnstraßen. Aber gerade das machte den Reiz des Neuen aus, und der Markt sowie die Freude am Fliegen wuchsen.

Die Luftfahrtgesellschaften Junkers Luftverkehr und Aero Lloyd konkurrierten als große Fluggesellschaften miteinander, machten sich Fluglinien und Passagiere streitig, betrieben oftmals Linien parallel und wollten gerade die verkehrswichtigen Strecken unter ihre Kontrolle bringen. Das führte einerseits zu Substanzverlusten und gegenseitigen unerquicklichen Konkurrenzen, anderseits aber auch zum Verschleudern von Finanzmitteln. Das Deutsche Reich förderte die Entwicklung der Luftfahrt durch staatliche Beihilfen, und das Reichsverkehrsministerium sah eine heraufziehende Gefahr von finanziellen Verlusten. Um die Effizienz der finanziellen Mittel zu erhöhen und die allgemeine Verkehrsförderung durch staatliche Stellen mit größerem Nutzen gegen die ausländische Konkurrenz zu bewahren, drängte das Reichsverkehrsministerium seit dem Sommer 1925 darauf, dass sich beide Gesellschaften zu einer Einheit zusammenschlossen.

Am 6. Januar 1926 findet die entscheidende Sitzung im Hotel Kaiserhof in Berlin statt, und es entsteht die Deutsche Luft Hansa AG, seit 1934 in der Schreibweise Lufthansa. Der Aufsichtsrat umfasst 64 Sitze, die sich Reichsbehörden, Länder und Städte sowie Banken, Vertreter der Industrie und des Handels teilen. Der Maschinenpark besteht zum Zeitpunkt der Betriebsaufnahme am 6. April 1926 aus 165 Maschinen verschiedener Typen, vor allem kleineren Maschinen mit einem geringen Platzangebot. Als Firmensignet wählte man den aufsteigenden Kranich, den der Grafiker Otto Firle für die Deutsche Luft-Reederei GmbH, aus der der Aero Lloyd hervorging, entwarf. Von der Junkers Luftverkehrs AG übernahm die Luft Hansa die Farben Blau und Gelb, sodass in Farbe und Signet sich beide Gesellschaften wiederfanden.

Der Flughafen Tempelhof wurde Sitz beziehungsweise Heimatflughafen für die Luft Hansa, deren Aufgabe darin bestand, die internationale Zusammenarbeit mit ausländischen Fluggesellschaften zu organisieren, die wichtigsten deutschen Städte an das europäische Luftnetz anzuschließen und den internationalen, außereuropäischen Luftverkehr aufzubauen.

Neue Formen des Verkehrs entwickelten sich, so der Nachtflug, der sich bald als die wichtigste Errungenschaft der

Vor dem Abflug der viersitzigen Junkers F 13 wird nicht nur der Motor der Maschine überprüft. Tempelhof 1927

Zwanzigerjahre herausstellen sollte, konnte doch auf diese Weise Zeit gewonnen werden. 1924 beginnen nächtliche Postflüge ab Tempelhof, und am 1. Mai 1926 wird der erste Nachtflug für Passagiere zwischen Berlin und Königsberg aufgenommen, von da konnte man dann weiter in die damalige Sowjetunion fliegen. Der Aufbau dieser Strecke ist aufwendig, denn es mussten in einer Entfernung von 25 bis 30 Kilometern Scheinwerfer installiert und dazwischen in geringerer Entfernung weitere Lampen oder Gaslichter aufgestellt werden, die die Piloten dann ansteuern mussten. Weiterhin musste, um in der Fachsprache der damaligen Zeit zu bleiben, der Flughafen »befeuert« werden, und der Pilot war auf die »Lichterstraße« angewiesen, denn es gab damals noch keinen Blindflug, der wurde erst nach 1927 eingeführt.

Neu ist auch die Einführung des Fliegens am Sonntag. Dagegen gab es zahlreiche Einwände und Vorbehalte, denn Sonntag

Erste kirchliche Trauung in einem Flugzeug über Berlin am 5. Juli 1927. Frisch verheiratet und glücklich gelandet stehen die beiden Ehepaare Voigt und Rahskopff mit Pfarrer Teichman vor einer Maschine Typ Rohrbach Roland der Luft Hansa.

ist Ruhetag. Erstmals wird am 29. April 1928 auf der Strecke Berlin–Paris an einem Sonntag geflogen. Im Winter ruhte der Flugverkehr, da Schnee und Eis für das Fliegen noch zahlreiche Probleme aufwarfen: Räumen des Start- und Landeplatzes, Vorwärmen der Flugzeugmotoren und die fehlende Heizung in den Flugzeugen. Diese Probleme wurden nach und nach bis zum Jahre 1935 gelöst. In diesem Jahr wurde der Flugverkehr auch im Winter aufgenommen.

Im Jahre 1926 wird der Flugbetrieb am 1. Mai – nach der Winterpause – aufgenommen. Neue Organisationsformen mussten gesucht und gefunden werden. Dazu gehörten die Zubringerbusse, die von bestimmten Punkten der Berliner Innenstadt aus die Passagiere zum Flughafen in Tempelhof brachten. Das gehörte angesichts des im Bau befindlichen Abfertigungsgebäudes zum Service, der gern angenommen wurde.

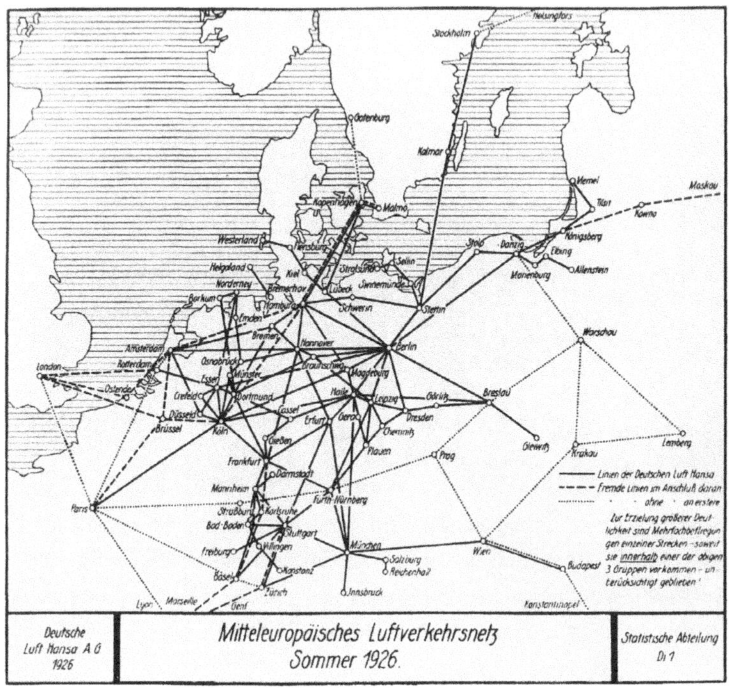

Im Jahr der Gründung: das Streckennetz der Deutschen Luft Hansa A. G., die Tempelhof zu ihrem Heimatflughafen machte. Bei Betriebsaufnahme umfasste ihr Maschinenpark 165 Flugzeuge.

1926 gab es nach dem Luft-Hansa-Flugplan folgende Direktverbindungen von Berlin: Breslau–Gleiwitz; Dresden; Leipzig–Chemnitz; Leipzig–Fürth/Nürnberg–München; Halle–München; Halle–Stuttgart–Zürich; Halle–Erfurt–Frankfurt am Main; Magdeburg–Köln; Braunschweig–Dortmund–Essen/Mühlheim; Essen–Köln–Paris; Hannover–Amsterdam–London; Hamburg; Lübeck–Kopenhagen–Malmö; Stettin–Stockholm; Danzig–Königsberg–Tilsit; Danzig–Königsberg–Moskau.

Neben den Passagierstrecken wurde von den Zeitungsverlagen Scherl und Ullstein sofort die Möglichkeit erkannt, per Flugzeug die Zeitungen aus Berlin schneller an die Empfangsorte zu bringen. So entstanden »Zeitungsstrecken« nach

Auf Flugveranstaltungen wurden auch oft neue Konstruktionen vorgestellt. Wie 1927 das »Windmühlenflugzeug« des Spaniers Juan de la Cierva, einem Vorläufer des Hubschraubers. Im Hintergrund einer der hölzernen Antennentürme und der »Kommandoturm« mit optischem Windmesser.

Leipzig-Chemnitz-Plauen, Berlin-Hamburg-Nordseebäder sowie Berlin-Ostseebäder. Auf den Bäderstrecken, die nur im Sommer angeflogen wurden, warfen die Piloten im Tiefflug die Zeitungspakete an einem vorherbestimmten Ort am Strand ab. Auch in anderen Bereichen entwickelt sich ein reger Frachtverkehr. In der Regel werden leichtverderbliche Güter und empfindliche Waren, die schnell an den Empfänger gelangen mussten, in die Frachträume der Flugzeuge verladen. So lassen Berlins führende Blumenläden fast täglich frische Blumen per Luftfracht aus Amsterdam kommen.

Um Geld in die Kassen fließen zu lassen, beschloss die Flughafenverwaltung, eine Berliner Tradition wiederzubeleben, die vor dem Krieg in Johannisthal sehr attraktiv gewesen war: Flugschauen. Doch das Geld sitzt dem »ff. Publikum« nicht mehr locker in der Tasche wie einst zu Kaisers Zeiten. Die ersten Sonntagsveranstaltungen sind ein Flop. Der Eintritt, 20 Pfennig

Großflugtage mit spektakulären Flugvorführungen zogen seit den 20er-Jahren die Berliner an.

die Erwachsenen, Kinder zahlen die Hälfte, schreckt ab. Und auch die Wirte mit ihren Bierzelten und Würstchenbuden kommen nicht auf ihre Kosten.

Das änderte sich erst mit dem deutschen Rundflug im Sommer 1925. 91 Kleinflugzeuge starten damals von Tempelhof und kehren nach 5300 Kilometern quer durch Deutschland nach Tempelhof zurück. Von nun an haben Flugtage wieder Konjunktur. Pro Jahr finden jetzt bis zu 20 Flugschauen statt, locken mit Freiflügen, waghalsigen Luftakrobaten, kühnen Fallschirmspringern und vielem mehr, was die Herzen der sensationslüsternen Zuschauer höherschlagen ließ. Bis zu 400 000 sollen es gewesen sein, die sich am Sonntag in Tempelhof einfanden.

Einer von ihnen war Hans Dietzel, damals Page im legendären Hotel Adlon. Dass er nach dem Krieg auf Tempelhof arbeiten würde, ahnte er noch nicht, aber den Jungen, der nahe dem Flughafen aufwuchs, zogen die Flieger an.

Hier begann die Reise: die Vorhalle des Abfertigungsgebäudes mit dem Schalter der Lufthansa und der Anmeldung für Rund- und Sonderflüge.

»Der Flughafen hat mich schon immer interessiert. Auf dem Tempelhofer Feld habe ich zugesehen, wie Ernst Udet und Fieseler ihre Kunststückchen vorgeführt haben. Das war sagenhaft. Andere flogen auf dem Rücken und vollführten Loopings, Fallschirmspringer waren auch manchmal da. Das war ja alles zunächst offen. Und wir kleinen Jungs waren begeistert vom Fliegen. Aus Margarinekisten haben wir uns kleine Flugzeuge gebaut. Mit denen haben wir dann auf dem Tempelhofer Feld gespielt. Gut erinnern kann ich mich auch noch an die ›Persil-Schreiber‹ in den Zwanzigerjahren. Das waren kleine Junkers-Flugzeuge mit nur einem Motor. Die flogen immer über dem Tempelhofer Feld und schrieben mit weißen Dunstwolken ›Persil‹ an den Himmel.«

Auch einen anderen Dunst hat der Junge beobachtet, der heute glücklicherweise der Vergangenheit angehört.

Wegen der geringen Nutzlast der Verkehrsflugzeuge musste nicht nur das Gepäck gewogen werden.

»Wenn an einem klaren, windstillen Wintermorgen die Sonne über dem Tempelhofer Feld aufging, sah der Horizont weit oben rosig aus. Aber unten war ein furchtbarer Dunst, der nach oben immer dünner wurde. Der Dunst kam von den vielen Schornsteinen ringsherum, die damals alle Braunkohle verheizten. Das war, als ob der Flughafen irgendwie oben auf einem Berg liege. Das kam vom Smog, wie man heute sagen würde. Nur den Begriff kannte damals natürlich noch keiner. Wenn man aber im Mai, Juni in einer klaren Nacht über das Tempelhofer Feld ging, dann sah man im Hintergrund die erleuchteten Häuser, aber der Himmel war dann schön zu beobachten. Alle Sterne konnte man erkennen. So dunkel war es damals noch auf dem Feld. Die Stadt strahlte noch nicht so viel Licht in den Himmel. Schön war das. Und ich kam mir so klitzeklein vor, wie ich unter dem riesigen Himmelsgewölbe stand.«

Besonders im Gedächtnis geblieben ist Hans Dietzel die Ankunft von Charles Lindbergh. Nach seiner sensationellen Atlantik-Überquerung kam er von Paris und landete in Tempelhof.

»Aber man kam ja gar nicht dran. So viele Menschen drängten sich auf dem Feld, um Lindbergh zu sehen. Besser war es da schon, als der Zeppelin kam. Ich hatte so ein Luftschiff bis dahin noch nie gesehen. Extra für die Ankunft des Zeppelins war ein großer Galgen aufgebaut worden, an dem er dann festmachen sollte. Und die Reichswehr war da. Damals waren ja ungeheuer viele Leute nötig, um so ein großes Luftschiff sicher zu landen. Es war herrliches Wetter. Die Leute standen auf dem Feld und suchten den Himmel nach dem Zeppelin ab. Keiner wusste, woher er kommen würde. Dann war da plötzlich ein tiefes Brummen in der Luft. Das kam aus Richtung Neukölln. Mit einem Mal zeichnet sich am Himmel ein kleiner Kreis, wie mit dem Zirkel gezogen, ab. Ganz fein. Dann wurde er immer deutlicher, bis wir die Spitze des Zeppelins sehen konnten. Bald war die Gondel an der Unterseite zu erkennen, und dann war er da! Eine riesige Zigarre schwebte an uns vorbei. Damals trugen die Männer ja noch alle Hüte. Die wurden kräftig geschwenkt. Im Kreis kam dann das Ding wieder zu uns zurück. Halteseile wurden abgeworfen, und die Soldaten haben sie aufgenommen und daran gezogen. Der Zeppelin senkte sich, bis die Gondel den Boden erreichte. Ich habe gestaunt, wie die ausgestattet war, was ich eben von außen so erkennen konnte. Aber rein kam ich natürlich nicht. Nur rangelassen haben sie uns Kinder …

Im Adlon habe ich übrigens die Briefmarken von den weggeworfenen Briefumschlägen der Gäste gesammelt. Und da waren schon damals einige dabei mit Stempeln Via Hindenburg oder Luftpost. Also Post und vielleicht auch einige Gäste im Adlon kamen damals über Tempelhof in die Stadt. Aber die meisten Besucher kamen damals noch mit dem Zug nach Berlin.«

Die Stunde der Pioniere: Schneller, höher, weiter

Am Ausbau des Flugnetzes wurde ständig gearbeitet. Hier war zunächst die Politik gefordert, die die notwendigen Voraussetzungen schaffen musste, dass die Vertreter der Luft Hansa die Verhandlungen aufnehmen konnten. Nachdem dies erledigt war, ging es um die Lösung der technischen Probleme und die Suche nach einer günstigen Route. In der zweiten Hälfte der Zwanzigerjahre waren das insbesondere der südostasiatische Raum und Südamerika. Am 23. Juli 1926 starteten von Tempelhof aus drei Maschinen mit dem Auftrag, die günstigste Flugroute über die Sowjetunion nach China zu suchen. Sie landeten am 30. August in Peking. Mit Flugbooten vom Typ Dornier Wal begann die Erkundung des Transozeanverkehrs nach Südamerika.

Das war auch die Stunde von Carl August Heinrich Adolf Freiherr von Gablenz, der nach einer Pilotenausbildung im Ersten Weltkrieg Flugzeugführer in der Feldfliegerabteilung 42 und Staffelführer im Kampfgeschwader 1 gewesen war. Nach dem Krieg wurde er Pilot bei der Deutschen Luftreederei, dann Technischer Mitarbeiter der Firma Junkers Flugzeugwerke beziehungsweise Junkers Luftverkehrs AG; seit 1926 Technischer Mitarbeiter, Flugbetriebsleiter, der Deutschen Luft Hansa, seit 1933 Mitglied des Vorstandes. Er war Initiator des deutschen Transatlantik-Luftverkehrs mit Hilfe schwimmender Flugzeugstützpunkte und treibende Kraft bei der Einführung des Instrumentenfluges im internationalen Luftverkehr.

Unvermindert ist das Interesse der Öffentlichkeit an der Entwicklung des Flugwesens. Immer neue Erfolge bei Erstflügen, immer leistungsstärkere Flugzeuge werden konstruiert und befördern dieses Interesse. Charles Lindbergh überquert 1927 als Erster den Atlantik mit dem Flugzeug – ein gefährliches Unternehmen. Zwischen 1927 und 1929 scheitern 21 von 31 Versuchen, 19 Menschen verlieren ihr Leben. Am 7. Juni 1927 landen die Piloten Clarence D. Chamberlin und Charles Levine mit ihrem

Flugzeug »Columbia«, aus Amerika kommend. Jubelnde Menschen empfangen das Flugzeug, das die Welt wieder ein wenig kleiner gemacht und die Menschen einander nähergebracht hat.

Am 12. April 1928 starten in Irland die Piloten Köhl, Fitzmaurice und von Hünefeld, nachdem sie in Tempelhof verabschiedet worden waren, zu dem ersten Flug in Ost-West-Richtung. Nach 36 ½ Stunden landen sie in Kanada und werden später jubelnd in New York begrüßt. Ebenso strahlend ist dann ihr Empfang in Tempelhof im Juni 1928. Die Zahl der Beispiele ist groß, und durch die Veranstaltungen schiebt sich die Entwicklung des Flugwesens und des Flughafens Tempelhof in das Bewusstsein der Menschen als etwas Großartiges, Modernes und bisher nicht Dagewesenes. Die Flugbegeisterung kennt keine Grenzen, und die Piloten, die sich mehr oder weniger »durchschlagen«, zeigen in der Öffentlichkeit artistische Leistungen und machen den Traum des Ikarus, den Wunsch des Menschen zu fliegen, wahr. Heute alltägliche Wahrnehmung, zu damaliger Zeit erstmals öffentlich vollzogen.

Das nutzt eine kluge Werbung aus und dirigiert publikumswirksame Veranstaltungen an diesen Ort. So auch die Luftschiffe, deren Zeit noch lange nicht vorbei ist. Berühmt wurde der Flug von LZ 127 »Graf Zeppelin«, der nach einer zwanzigtägigen Weltfahrt von Friedrichshafen über Sibirien, Tokio, San Francisco und Lakehurst nach 35 000 Flugkilometern nach Deutschland zurückkehrt. Geschickt wird die Ankunft auf den Flughafen Tempelhof gelegt.

Ebenso nutzte die junge Flugzeugindustrie den Flughafen und seine Publizität zur Vorstellung ihrer neuen Produkte. Insbesondere Junkers – eng verbunden mit der Luft Hansa – stellte seine Maschinen zur Verfügung. So im Jahre 1931 zwei, die besondere Bedeutung erlangten. Zum einen die Junkers G 38, die in den Dreißigerjahren zum größten Landflugzeug der Welt entwickelt wurde, lediglich die Dornier Do X –ein Wasserflugzeug, mit dem der Verkehr nach Südamerika abgewickelt werden sollte – war größer. Vier Motoren mit insgesamt 3200 PS ermöglichten eine Reisegeschwindigkeit von 180 Stundenkilometern;

Segelflieger über Tempelhof. Anlässlich einer »Thermik-Forschungsreise für Segelflugzeuge« im Juni 1933 hat Alexander Stöcker vom Schleppflugzeug aus diese Luftaufnahme des Flughafens Tempelhof gemacht.

34 Passagiere und sieben Besatzungsmitglieder fanden in ihr Platz. Enorm viel für damalige Verhältnisse. Mit einer Spannweite von 44 Metern passte sie nicht mehr in die Tempelhofer Flugzeughallen.

Und zum Zweiten die Ju 52, die heute schon Legende ist. Fast 5000 Exemplare in verschiedenen Ausführungen werden weltweit von ihr gebaut, und sie ist damit das erfolgreichste Flugzeug der Dreißigerjahre. Liebevoll »Tante Ju« genannt, überzeugte sie durch ihre Leistung und Solidität, zugleich beschleunigte sie mit einer Reisegeschwindigkeit von über 240 Stundenkilometern die Flugverbindungen.

Eine politische Nutzung der Anlagen des Flughafens Tempelhof findet noch nicht oder zumindest nicht in herausragendem Maße statt. Staatsgäste bevorzugen noch die solideren, älteren Verkehrsverbindungen, abgesehen davon, dass man ausländische Gäste noch sehr bescheiden, fast primitiv empfängt und sie dann weiterleitet. Flughäfen sind Durchgangsstationen für Reisende, und als solche werden sie genutzt. Ihre Geschichte ist damit immer die Geschichte ihrer Nutzung.

Die Attraktivität des Flughafens Tempelhof ist ungebrochen, auch in der Zeit der Weltwirtschaftskrise. Und es tritt die Situation ein, dass das gestiegene Verkehrsaufkommen und die rasante Entwicklung der Flugzeuge alle bisherigen Pläne zum Ausbau des Flughafens überholt; die Entwicklung des Flugverkehrs macht sie zunichte. Hinzu kamen finanzielle Sorgen, die es angeraten sein ließen, das weitgespannte Konzept zunächst nicht weiterzuverfolgen.

Platz für Politik: Aufmärsche im Dritten Reich und der legendäre Sturzflug

Mit dem 30. Januar 1933, dem Datum der Ernennung Adolf Hitlers zum Reichskanzler, stirbt die noch junge Demokratie in Deutschland. Doch die Deutschen sind begeistert. Arbeit, Brot, ein besseres Leben hat er ihnen versprochen, er, den sie bald fanatisch »Führer« rufen werden. Hitler und sein Propagandaminister Goebbels verstehen die Massen zu begeistern. Es ist die Zeit der großen Aufmärsche, der Kundgebungen, und die Nazis machen sich eine alte Forderung der Arbeiterbewegung zu eigen: Der 1. Mai wird zum »Tag der Arbeit« ausgerufen. Und das Tempelhofer Feld soll zur Kulisse der ersten Maifeier der Nazis in Berlin werden. Ein junger Architekt, erst kurz zuvor in den Dunstkreis der Nazigrößen getreten, aber wenig später Hitlers Baumeister, verdient sich hier die ersten Lorbeeren: Albert Speer.

»Einige Tage nach der Fertigstellung von Goebbels Ministerium sah Speer bei Hanke [dem Sekretär von Goebbels] Entwürfe für die Gestaltung der Massenkundgebung zum 1. Mai liegen, die auf dem Tempelhofer Feld stattfinden sollte«, schreibt Gitta Sereny, Speers Biographin. »Als Speer meinte, die Pläne erinnerten ihn an die Dekoration eines Schützenfestes, erwiderte Hanke, wenn er glaube, er könne es besser, solle er sich an die Arbeit machen. Noch in derselben Nacht entwarf Speer eine Tribüne ›mit dahinter aufragenden drei mächtigen, herrlichen Fahnen‹, wie er sie in Spandau beschreibt, ›zwei davon schwarz-weiß-rot, in der Mitte die Hakenkreuzfahne, und alle fünfzehn Meter hoch.‹

Damals ließ Speer seinem theatralischen Talent freien Lauf. ›Ich fand die besten Beleuchtungstechniker‹, sagte er mir, ›und mit Riesenscheinwerfern erreichten wir zusammen den gewollten theatralischen Eindruck.‹ Hitler fand so viel Gefallen daran, dass Goebbels behauptete, das Ganze sei seine Idee gewesen.«

Hans Dietzel erinnert sich auch noch an den 1. Mai 1933. Wann hat dieser Platz mehr Menschen zur gleichen Zeit gesehen? Dicht an dicht gedrängt standen sie, um dem neuen Führer zuzuhören. Und begeistert waren sie, schaut man auf die Fotos von diesem Tag, schaut sich die alten Filmaufnahmen an. Doch es gab auch andere Szenen.

»Der Anmarschweg führte unter anderem direkt an unserem Haus vorbei. Säulen von Menschen bewegten sich, nach Betrieben geordnet, zum Tempelhofer Feld. Hier unten auf der Straße waren aber auch Toilettenwagen aufgebaut. Und ich habe auf dem Balkon gestanden und gesehen, wie die Leute reingingen, warteten, bis ihre Kollegen vorbeigelaufen waren, und dann wieder rauskamen, um nach Hause zu gehen. Nur beim Abmarsch wurden die Leute registriert. Und wer nicht teilnahm, fiel auf. Wer aber später verschwand, fiel nicht auf. Ich selbst musste nicht teilnehmen. An diesem Tag hatte ich Dienst im Adlon.«

Ein anderer, Ernst Udet, einst Fliegerass des Ersten Weltkriegs und in den Zwanzigerjahren zu einem der erfolgreichsten Kunstflieger avanciert, tourt in diesen Monaten durch die Vereinigten Staaten. Immer auf der Suche nach etwas Neuem, einer neuen Technik, einem neuen Flugzeug, Attraktionen, für

Die Curtiss Hawk der Fliegerlegende Ernst Udet vor dem Start für spektakuläre Filmaufnahmen auf dem Flughafen Tempelhof im Oktober 1934. An der linken Tragflächenstrebe ist die Kamera befestigt, mit der er seine berühmten Sturzflüge festhielt. Im Hintergrund das Flughafengebäude.

die er sein Publikum begeistern kann, lernt er den bekannten Flugzeugkonstrukteur und Fabrikanten Curtiss kennen. Und Curtiss bietet ihm eine neue Maschine an, die Curtiss-»Hawk«. Der »Habicht« trägt den Namen zu Recht, denn er kann etwas, was kein Flugzeug vor ihm vermochte: im Sturz zur Erde rasen, abfangen und wieder aufsteigen. Der Kunstflieger ist begeistert. Vielleicht ahnt er noch nicht, was aus dem »Habicht« einmal werden wird. Wusste er nicht, dass die »Hawk II« in einer ähnlichen Version bei der amerikanischen Marine eingesetzt wurde, sie von den Luftstreitkräften anderer Länder bereits bestellt war?

Doch zunächst fehlt Ernst Udet schlicht das Geld, eine »Hawk« für sich zu kaufen. Doch zu Hause in Berlin ist sein Kriegskamerad Hermann Göring neben Hitler zu Ministerehren gelangt und soll eine neue Luftwaffe aufbauen. Ihn treibt die Idee von Sturzkampf-Bombern als neuer Waffe schon seit Langem um, und als ihm Udet von seiner Entdeckung erzählt, ist er begeistert. Sofort beauftragt er Udet, in den USA zwei »Hawks« zu kaufen. Noch im selben Jahr beschafft Udet die Maschinen und führt sie den Militärs vor.

Am 1. April 1934 und noch einmal am 22. Mai haben sie beim sogenannten Volksflugtag in Tempelhof Premiere vor den Steuerzahlern.

Ein Reporter berichtet damals:

»Nun brüllt ein Motor mit einer Wucht los, die alles übertönt. Udets Wundermaschine heult mit 750 PS los. Ein unerhörtes Schauspiel bietet der deutsche Meisterflieger. Wie ein urweltliches Insekt von riesenhafter Größe und Gewalt schießt die Maschine durch die Luft, rast in unvorstellbarer Schnelligkeit senkrecht in den Himmel hinein, bohrt sich durch die Wolken, in denen sie verschwindet. Und dann geschieht etwas Unheimliches: Wie ein tödlich verwundeter, gewaltiger Adler fällt sie aus den Wolken wieder herab, wieder genau senkrecht, rast mit mehr als 600 Kilometerstundengeschwindigkeit auf den Platz zu. Der Atem stockt, eine phantastische Spannung zwingt die Zehntausenden zur Totenstille. Ist was passiert? – Versagt die Maschine? – Jetzt muss sich der metallene Adler gleich mit wahnsinniger Wucht in den Boden bohren! – ... Da kracht in heulendem Fortissimo der Motor los, gibt, zum Bersten gespannt, die letzten Kraftreserven her, die Maschine fängt sich dicht über dem Platz. Ein Aufatmen geht durch die Massen. Udet aber jagt schon wieder tollkühn zu neuen Flügen gen Himmel.«

Aus dem scheinbar harmlosen Nervenkitzel für das Publikum in Tempelhof, wird der berühmt-berüchtigte Sturzkampfbomber Ju 87, damals kurz »Stuka« genannt. Mit Beginn des Krieges verbreitet er auf dem europäischen Kriegsschauplatz Angst und Schrecken. Die moralische Wirkung wird noch durch die sogenannte »Jericho-Trompete« unterstützt, einer Erfindung Udets, die dem Stuka seinen gefürchteten Klang gab.

Und Udet? Der einmal unabhängige Kunstflieger, der nie wieder eine Uniform anziehen wollte, er macht an der Seite Görings Karriere. Generalluftzeugmeister wird er letzten

Endes – und unglücklich. Im November 1941 begeht er Selbstmord. Als »Des Teufels General« hat ihn Carl Zuckmayer unsterblich gemacht.

1934, als Udet die Curtiss-»Hawk« vorführte, bekam Hans Haberstroh, der junge Mann aus Rixdorf, seine Chance auf dem Flughafen Tempelhof. Seit dem Ende seiner Lehre als Maschinenschlosser, war er sieben Jahre lang, mit Unterbrechungen, arbeitslos gewesen. 1934 begann er bei der Lufthansa.

»Ich brauchte nicht einmal umgeschult zu werden. Was ich noch nicht konnte, habe ich angenommen. Schon damals hatte Lufthansa eine gute Flugzeugwartung. Und ich hatte dort die beste Arbeitsstelle meines Lebens. Wenn man da was geschafft hat, dann wurde es auch anerkannt. Für die Lufthansa zu arbeiten, das war schon was Besonderes. Als ich zum Arbeitsamt gegangen bin, um mich abzumelden, fragten die: ›Wie sind Sie denn dazu gekommen?‹ Das war ein tolles Stück. Die Ju 52 war meine Spezialmaschine. Die Ju 52 war schon etwas Besonderes. Die war robust und zuverlässig. Dass eine Ju 52 abstürzt, das gab es kaum. Im Krieg, da sind Maschinen zur Reparatur reingekommen, da hat ein Motor nur noch an den Sicherungsseilen gehangen. Da ist sie eben nur mit zwei Motoren geflogen oder auch nur mit einem. Manchmal musste ich auch auf Außenmontage, wenn eine nicht mehr flugfähig war. Die wurde dann vor Ort repariert und flog weiter.«

Und Hans Haberstroh kannte »seine« Ju nicht nur am Boden. Auch geflogen ist er mit ihr.

»Einmal hat eine Ju 52 auf Tempelhof eine Bruchlandung hingelegt. Die ist auf einen Zaun draufgeflogen und hat sich den ganzen Bauch zerrissen. Die Besatzung war wohl misstrauisch, ob wir alles anständig repariert hatten. Und deswegen wurden wir alle, die an der Reparatur mitgearbeitet hatten, aufgefordert, beim Probeflug mitzufliegen. Und wir sind alle rein in die Maschine. War natürlich alles tipptopp.«

Und auch sonst war der damalige Luxus einer Flugreise für Hans Haberstroh und seine Familie durchaus erschwinglich.

Startvorbereitungen für eine Heinkel He 70 der Deutschen Lufthansa – ein sogenanntes Schnellflugzeug. Auf der Tragfläche ein Mann vom Tankpersonal, die Kabinentür ist geöffnet, die Einstiegstreppe steht bereit für die 4 Passagiere.

»Wir sind immer geflogen. Wir brauchten als Lufthansa-Angehörige nur die Versicherung zu bezahlen. Der Flug nach Stettin an die Ostsee hat uns 1,50 Mark gekostet. Für uns gab es zwei Kategorien, ZG und ZGN. ZG hieß zahlender Gast, und wir wurden wie normale Passagiere abgefertigt. Aber als ›zahlendem Gast nachgestellt‹ konnten wir nur mitfliegen, wenn die Maschine nicht ausgebucht war. Wir waren damals schon in Riga, in München und vielen anderen Orten. Wir sind eine Menge geflogen.

Und dann habe ich beruflich viele Probeflüge mitgemacht. Manchmal waren nur Kleinigkeiten defekt. Da kam jemand von der Besatzung und sagte: ›Die rechte Seite muss gebügelt werden.‹ Das hieß, das Ende der Tragfläche bei der Ju 52 sei wellig. Wenn das nicht ganz gerade und stromlinienförmig ist, dass die Luft glatt abfließen kann, dann fliegt die Maschine anders. Da bin ich dann mit meiner ›Bügelzange‹ ran und habe alles gerichtet. Zum Probeflug bin ich dann mit an Bord, um sicher zu sein, dass alles in Ordnung ist. Das war natürlich interessant, wenn wir zum Beispiel über den Potsdamer Platz geflogen sind, und am Haus Vaterland lief dann die Lichtreklame, oder über dem Luna-Park habe ich dann die Karussells laufen sehen. Manchmal ging es auch über den Müggelsee oder Wannsee. Das war schon schön.«

Der Wartungsdienst auf Tempelhof arbeitete damals schon in drei Schichten rund um die Uhr. Ein Nachtflugverbot gab es nicht.

»Es wurde ja auch nachts geflogen. Frachtmaschinen kamen oder gingen nach England oder Frankreich. Aus Holland kamen am Morgen die Maschinen mit frischen Blumen für den Großmarkt rein.

Nach der Landung wurden die Maschinen überprüft. Da gab es Kontrolleure für die Triebwerke und welche für die Zelle. Und ich war in der Hauptsache Zellenmonteur. Ich habe dann vom Kontrolleur eine Beanstandungsliste bekommen, wo vielleicht Nieten lose waren oder ein Loch in der Zelle war. Und dann wurde repariert. Ich war Mädchen für alles. Was kaputt war, musste gemacht werden. Und das hat Spaß gemacht. Und wenn wir keine Wartungsarbeiten hatten, haben wir Ersatzteile vorgefertigt. Wir waren aber nicht nur Schlosser in der Schicht. Wir hatten auch Sattler, Maler und andere Handwerker dabei. 30 bis 40 Mann waren wir pro Schicht. Wir hatten ja teilweise 100 Starts und Landungen pro Tag. Das hört sich heute nicht viel an, aber für die damalige Zeit war das eine Menge.«

Was hat Hans Haberstroh damals verdient?

»Zuletzt war ich Schichtführer, also praktisch Werkmeister, da habe ich 1,55 Mark pro Stunde verdient. Davor hatte ich einen Stundenlohn von 90 bis 95 Pfennig bei einer 48-Stunden-Woche. Man konnte schon davon leben.«

Den Bau des neuen Flughafens hat Hans Haberstroh von seinem Arbeitsplatz auf dem alten Flughafen kaum verfolgt.

Rundflug über Berlin für Kinder und Jugendliche wie Helmut Fleischer. Fotograf Alexander Stöcker hat die Szene fotografiert – ohne das Hakenkreuz am Heck.

»Wir haben ja geackert. Ich weiß nur noch, dass ich froh war, dass ich, wenn unter Hitler die großen Aufmärsche zum 1. Mai waren, immer Dienst hatte und nicht mitmusste. Bei uns ging der Flugbetrieb weiter.«

Die Begeisterung der Deutschen für die Fliegerei wuchs weiter. Und nicht ohne Hintergedanken sollte auch die Jugend an die Luftfahrt herangeführt werden.

Helmut Fleischer war Zeit seines Lebens Luftfahrtjournalist aus Leidenschaft. Und dieser Drang zum Fliegen hing ursächlich mit dem Flughafen Tempelhof zusammen. Mit ihm verbindet sich eine seiner wichtigsten Kindheitserinnerungen: sein erster Flug.

»1936 wurde in den Schulen dafür geworben, dass jeder ›deutsche Junge und jedes deutsche Mädel‹, wie es damals hieß, seine Heimatstadt einmal aus der Luft sehen sollte. Für nur 5 Reichsmark konnte man starten. Und am 19. Juni 1936 startete ich.

Wir sind zum Flughafen gefahren, haben die 5 Mark bezahlt und sind in die Ju 52 eingestiegen. 17 Plätze hatte die Maschine. Und die waren alle mit Kindern besetzt. Es war ein sehr warmer Tag, und pro Sitz gab es ein Fenster. Dieses Fenster war wie bei einem Auto rauf- und runterzukurbeln. Das hatte den einfachen Grund, dass es damals noch keine Klimaanlagen gab. Die Ju 52 flog ja auch kaum höher als 2000 Meter, und da brauchte man keinen Sauerstoff und keine Druckkabine wie in den heutigen Verkehrsflugzeugen. Und wem es bei der Reise zu warm wurde, der hat einfach das Fenster runtergedreht. Man durfte bloß nichts rauswerfen. Auf dem Ticket stand extra: ›Das Herauswerfen von Gegenständen während des Fluges ist verboten.‹ Wir bekamen dann auch eine Einweisung, wo wir langfliegen würden. Es war sehr spannend für uns alle. Seit diesem Flug weiß ich, wo man bei der Ju 52 nicht sitzen darf, nämlich in der Mitte. Denn da schaut man nur auf die Tragflächen, und die sind sehr breit.

Und dann rollte die Ju zum Start. Für mich als elfjährigen Jungen war es ein sehr merkwürdiges Gefühl, dass man mit Hilfe von drei starken Motoren plötzlich diese Welt Richtung Himmel verlässt. Das war ein unvorstellbares Erlebnis. Plötzlich bewegte man sich in drei Dimensionen. Als Kind hatte ich die Flugzeuge vom Boden aus beobachtet, habe auch den Zeppelin fahren sehen, und nun war ich selbst an Bord eines Flugzeugs. Der Flug dauerte nach meiner Erinnerung eine halbe Stunde, aber das Erlebnis hat mich nie wieder losgelassen. Ich habe noch heute ein kleines Heft in meinem Besitz, in dem ich nach diesem Flug Flugzeuge zu zeichnen begann. Phantastische Maschinen für große Geschwindigkeiten, mit phantasievollen Leitwerksformen. Was ich in den Zeitungen gelesen hatte, im Rundfunk schon über Fliegerei gehört und was ich auf Tempelhof gesehen und erlebt hatte, fand auf diesen Seiten seine Form aus meiner Phantasie. Die Fliegerei übte auf mich eben eine ungeheure Faszination aus. Und ich war ja nicht der Einzige. Auch heute strömen die Leute noch zu Großflugtagen, auch wenn diese nach dem Unglück von Ramstein in Misskredit geraten sind. Aber hier zur Internationalen Luftfahrt-Ausstellung in Schönefeld kommen die Leute in Scharen. Das war schon zu meiner Kindheit ein Anziehungspunkt ohnegleichen. Und wenn Ernst Udet, der berühmte Jagdflieger des Ersten Weltkrieges und dann ›Kunstflieger‹, wie man damals sagte, wenn der seine Figuren flog, kamen die Leute zu Tausenden auf das Flugfeld in Tempelhof. Da konnte ich mich dann für 2 Mark Eintritt mit dem Opernglas von Oma hinstellen und habe Udets Figuren am Himmel nahezu inhaliert. Er flog damals einen ›Flamingo‹ von Curtiss und hatte an einer Tragfläche einen Bügel angebracht. Helfer breiteten dann zum Höhepunkt der Schau ein Taschentuch auf dem Rasen aus. Und dann kam Udet im Tiefflug angeflogen, tippte mit der Tragfläche kurz auf und nahm das Taschentuch auf. Bevor ich es das erste Mal sah, hielt ich dieses Kunststück für völlig unmöglich. Das war eine Sensation!«

Was haben denn Helmut Fleischers Eltern gesagt, wenn ihr flugbegeisterter Sohn wieder auf das Tempelhofer Feld wollte?

»Das war kein Problem. Flugtage zu besuchen, das gehörte damals einfach zum Geist der Allgemeinheit, wie heute vielleicht ein Fußballspiel. Mich hat es damals nicht ins Stadion gezogen. Dieser erste Flug war für mich ein Anschub, das berühmte Schlüsselerlebnis, wie man heute sagen würde. Und dieser Werbung konnte ich mich nicht entziehen.«

Das war wohl auch das Ziel dieser Aktion, mit der Schüler wie Helmut Fleischer Interesse an der Fliegerei finden sollten.

»Der niedrige Flugpreis von 5 Mark war mit Sicherheit subventioniert. Die Nationalsozialisten waren ja schon das dritte Jahr an der Macht, und die Zielrichtung war ganz deutlich: Die Jugend sollte für das Fliegen begeistert werden, und mit dem Umweg über die Sportfliegerei wollte man den Nachwuchs für die spätere Luftwaffe bekommen.«

Und bei Helmut Fleischer hat es auch geklappt. Helmut Fleischer wurde Pilot. Zunächst lernte er über die Hitlerjugend das Segelfliegen und kam dann zur deutschen Luftwaffe.

»Eigentlich hatte ich nur vor, diesen Krieg ohne ein Loch in der Jacke zu überstehen, und da war ein Weg, eine längere fliegerische Ausbildung anzufangen. Ich hatte die Hoffnung, dass, wenn ich die Ausbildung beendet haben würde, auch der Krieg vorbei sein könnte. Aber es kam leider nicht dazu. Das erste Mal, dass ich Tempelhof wiedersah, war, als ich nach vierjähriger Gefangenschaft 1948 nach Berlin zurückkehrte.«

Das neue Gebäude und der Zweite Weltkrieg

Man denkt monumental: Ernst Sagebiel entwirft den »Kleiderbügel«

Das Verkehrsaufkommen des Flugplatzes wächst. Zwar haben wirtschaftliche Gründe im Jahre 1929 dazu geführt, dass der weitere Ausbau der Anlage zunächst gestoppt wird, aber man denkt über Erweiterung nach. Die vorhandene Anlage erweist sich als zu klein, und die technischen Möglichkeiten sind ausgereizt. Aber durch die Größe der Fläche steht genug Platz für einen weiteren Ausbau zur Verfügung, sodass alle Planungen davon ausgehen, die bisherige Anlage aufzugeben und einen völlig neuen Flugplatz zu bauen. Dabei liegt auch die Erkenntnis zugrunde, dass Tempelhof sich an die Spitze der europäischen Flughäfen geschoben hat und die Einrichtungen in Amsterdam, Paris und London in den Schatten stellte.

Es ergab sich also die Notwendigkeit, einen neuen Flughafen zu bauen und nicht nur die alten Pläne verändert weiterzuverfolgen. Zu der Notwendigkeit kommt die Politik hinzu. Die mit dem 30. Januar 1933 errichtete neue Herrschaft und ihre Vertreter sehen in einem Flugplatzneubau in der Zentrale ihres Reiches und angesichts der internationalen Bedeutung Tempelhofs die Möglichkeit, sich selbst darzustellen. Aus ökonomischen und technischen Notwendigkeiten eines Neubaus wird ein Prestigeobjekt, das Ausdruck der NS-Herrschaft sein und diese architektonisch und sinnlich manifestieren sollte. Man spricht nun nicht mehr vom Zentralflughafen, sondern meint, einen »Weltflughafen« errichten zu müssen; die Wortwahl ist manchmal verräterisch.

Die Planungen beginnen im Sommer 1933, und mit größter Wahrscheinlichkeit hat Hitler selbst in sie eingegriffen. Für ihn, der sich gern als großen Architekten sah, hatte die Architektur eine eminent wichtige politische Aufgabe. Sie sollte durch ihren Anblick den Betrachter mental beeinflussen, »seine Seele mit

Modell des neuen Flughafens nach den Plänen von Ernst Sagebiel. Wegen seiner Form wurde es bald »Kleiderbügel« getauft.

der Größe Deutschlands« erfüllen. »Wenn Völker große Zeiten innerlich erleben, so gestalten sie diese Zeiten auch äußerlich. Ihr Wort ist dann überzeugender als das gesprochene: Es ist das Wort aus Stein.«

Er will eine Anbindung an seine geplante, monumentale Nord-Süd-Achse und dabei die Flugplatzanlage zentrisch auf den monumentalen, runden Platz ausgerichtet wissen. So kommt es zu der Bügelform der Gebäudeanlagen des Empfangsgebäudes.

In dieser Zeit entstehen rund um Berlin zahlreiche neue Flugplätze, so in Gatow und Schönefeld. Die Sportflieger finden einen neuen Mittelpunkt auf dem Flugplatz in Rangsdorf, und die Luftwaffe legt rund um Berlin neue Flugplätze an. Beim Ausbau der Anlagen in Rangsdorf tritt ein Architekt besonders hervor, Prof. Dr.-Ing. Ernst Sagebiel, der in Verbindung zur Luftwaffe steht. Seine Tätigkeit vor 1933 als Bauleiter im Büro Erich Mendelsohn beim Bau des Columbia-Hauses am Potsdamer Platz weist ihn als guten Organisator aus, der über reiche planerische

Erfahrungen verfügt und als Architekt an der Moderne geschult war. Besonders hervorgetan hat er sich beim Bau des Reichsluftfahrtministeriums in der Leipziger Straße an der Ecke zur Wilhelmstraße. 1935 ergeht der formelle Planungsauftrag an ihn, und er steht vor der Aufgabe, einen monumentalen Bau zu errichten, der dem Willen des Bauherrn – des Reichsluftfahrtministeriums – nach Selbstdarstellung sowie der Einbindung in das Umbauprojekt Berlins zur »Welthauptstadt Germania« als auch den technischen Bedürfnissen des Flugverkehrs zu entsprechen hat. Damit rückt der Flughafen Tempelhof aus dem städtischen Bereich heraus; der Neubau ist keine Aufgabe der Stadt Berlin mehr, sondern wird aus den Mitteln des Reichsluftfahrtministeriums, aus Mitteln der Aufrüstung, finanziert.

Hauptfunktion des geplanten Baus ist die Organisation des Luftverkehrs, aber militärische Aspekte sowie die Darstellung der Entwicklung des Flugwesens vor einem breiten Publikum sollen ebenso möglich sein. Die Öffentlichkeit war immer an Schauvorführungen und Flugtagen interessiert, und deshalb sollte es in Tempelhof möglich sein, »Reichsflugtage« abzuhalten, die ein großes Publikum anziehen können. Die Forderung nach einem »Luftstadion«, also nach einem von einem breiten Publikum nutzbaren Sportplatz, auf dem Luftvorführungen stattfinden können, ist Teil der Planung. Darüber hinaus sollen im Bereich des neuen Flughafens möglichst viele Dienststellen und Institutionen des zivilen und militärischen Flugwesens zu konzentrieren sein. Alles in allem, das Projekt Tempelhof soll der größte Flughafen der Welt werden.

Sagebiel legt ein kühnes, in die Zukunft weisendes Projekt vor, das durch seine Funktionalität und Größe, aber auch Monumentalität überzeugt, von den »Größen« des Reichs gebilligt, aber auch von den im zivilen Flugwesen erfahrenen Persönlichkeiten akzeptiert werden kann. Seine Idee der Luftverkehrsanlage findet Anerkennung auch außerhalb Deutschlands, da er sowohl die Erfahrungen des noch jungen Luftverkehrs als auch bisher nur theoretisch angedachte Ideen in das Projekt einfließen

Tempelhof war ein internationaler Flughafen. Alexander Stöcker fotografierte 1935 Maschinen aus den Niederlanden, Groß-Britannien, der Schweiz oder Frankreich. Vor der Maschine der Air France ein »Luftaufsichtsbeamter«, der das Zeichen zu Abrollen gibt.

lassen kann. Es setzt Maßstäbe, die die Stadt Berlin als »Luftkreuz Europas« sichtbar werden lassen.

Die Planungen sahen einen monumentalen runden Platz vor dem Flughafen vor. Hier sollten die Hauptverwaltung der Lufthansa, das Luftpostamt und der Frachthof Platz finden. Doch nur Teile des Planes wurden realisiert.

Die Architektur der Anlage muss in der Analyse differenzierter betrachtet werden, als dies bisher geschah. Monumentalität zeigt sich in der Architektur bereits am Ende der Zwanzigerjahre. Zu denken ist an Hans Poelzigs »Haus des Rundfunks«

in der Masurenallee und das IG-Farben-Gebäude in Frankfurt am Main. Gerade Letzteres blieb lange Zeit – wegen seiner Nutzung – bei der Architekturanalyse unberücksichtigt, aber es hat mehr als eine bloße Ähnlichkeit, an der sich Sagebiel dann beim Bau des Flughafens Tempelhof orientiert. Der sich langsam durchsetzende Begriff der »sanften Monumentalität« stellt Tempelhof dann doch viel stärker in die Tradition der Architektur der Zwanzigerjahre als in die eines Paul Ludwig Troost oder Albert Speers.

Der neue Bau erfordert mehr Gelände, das durch Einbeziehung des Volksparks Hasenheide, der Sportplätze, die um den nun alten Flugplatz liegen, sowie von Kleingartenflächen und Teilen des alten Garnisonsfriedhofs gewonnen werden kann. Das Flughafengelände erweitert sich auf 4500000 Quadratmeter und wird um die alte Anlage herum konstruiert, sodass während der Bauzeit der Flugverkehr ohne Unterbrechung weitergeführt werden kann.

Das Grundkonzept sieht die Einbeziehung der Planungen aus der Zeit vor 1933 sowie die Aufnahme einer städtebaulichen Figur in Form einer Ellipse vor. Unter Einschluss des überlieferten Flugplatzareals und Anschluss an das vorhandene Straßennetz soll eine elliptische Anlage entstehen, deren Konzentrationspunkt an die Nordwestecke, zum Tempelhofer Damm hin, gelegt wird. Dort entsteht als Mittelpunkt die 1230 Meter lange, einen Viertelkreis bildende Hallenanlage. Sie hat in der Mitte einen 380 Meter langen und 49 Meter tiefen Flugsteig, an den sich links und rechts die Flugzeug- und Werkstatthallen anschließen. Das Dach dieses Hallenzugs bietet außerdem den Umstand für eine Tribüne für 65000 Menschen, die Zuschauer bei Vorführungen – den »Reichsflugtagen« – Platz bieten soll. Direkt am Oval des Flugfeldes ist, als Ergänzung zur Tribüne, ein abgetreppter Grünstreifen geplant, der Platz für 1 Million Besucher stellen soll. Der Gedanke folgt sowohl der Flugbegeisterung der Pionierzeit auf dem Flugplatz Johannisthal als auch der Gigantomanie der NS-Diktatur.

Den Hallenbereich, der die Form eines Kleiderbügels hat, überdacht Sagebiel statisch raffiniert mit einer Kragkonstruktion völlig ohne Stützen. Auf der der Stadt zugewandten Seite bringt er Treppentürme zur inneren Erschließung der Halle sowie als Verkehrsweg zum Dach an, die der Anlage den Eindruck einer Festung verschaffen. Ihre rhythmische Abfolge unterbricht die Gleichförmigkeit der Fassade und hinterlässt einen soliden Eindruck der Gesamtanlage. Dem »Kleiderbügel« vorgelagert wird die Empfangs- und Abfertigungshalle. Ein dreiseitiger Vorhof im Charakter eines Cour d'honneur umschließt einen Vorplatz und soll sich dann zu dem geplanten runden Platz von 250 Meter Durchmesser öffnen. An diesem runden Platz sollen in vierstöckigen Bauten Folgeeinrichtungen wie die Hauptverwaltung der Deutschen Lufthansa, das Luftpostamt und der Frachthof Platz finden. Diese Bauten des südwestlichen Platzsegments kommen über das Planungsstadium nicht hinaus. Ebenso der Mittelpunkt des runden Platzes, der als Höhepunkt eine gewaltige Wasserkaskade erhalten soll.

Nach der öffentlichen Präsentation des Flughafenprojekts erfolgt der erste Spatenstich im Mai 1936, und nach nur 18 Monaten Bauzeit kann am 4. Dezember 1938 das Richtfest über dem Rohbau der Flughafengebäude gefeiert werden. Die Rede hält Hermann Göring, der den Bau als »das stolze Wahrzeichen der neuen deutschen Luftfahrt« bezeichnet. Die kurzen Bauzeiten konnten nur durch ein hohes Maß an Vorfertigung der normierten Bauteile realisiert werden. Zur Zeit des Richtfestes sind bereits 9000 Büros in dem großen Komplex bezogen, und man spricht davon, dass die Einrichtungen für den Flugverkehr im Frühjahr 1939 in Betrieb genommen werden können; dazu kommt es dann aber nicht. Kapazitäten wurden abgezogen und das Baumaterial an anderen Stellen zur direkten Kriegsvorbereitung eingesetzt. Letztendlich blieb der Bau unfertig, jeder weitere Schritt unterblieb ab 1943, sodass der Betrachter zwar die allgemeinen Konturen der Bauabsicht erkennen kann, aber das Gebäude bis heute unvollendet ist.

Sagebiels Idee für die innere Funktion des Gebäudes geht davon aus, dass der Reisende, der den Flugplatz benutzt, nur kurze Verkehrswege zurücklegen soll. Über den Vorplatz gelangt er in den rechteckigen Vorhof von 90 Meter Breite und 80 Meter Tiefe. Dieser Vorhof, so der Plan, soll einer kommerziellen Nutzung durch Geschäfte und das Luftpostamt vorbehalten bleiben. Dann gelangt der Besucher in die 30 Meter hohe Empfangshalle, die von einem Reichsadler bekrönt ist. Hinter der Eingangstür kommt die querliegende Empfangshalle, die nur eine geringe Tiefe besitzt, dafür aber durch alle drei Geschosse stoßen soll. Sie ist nie fertiggestellt worden. 1960 erhielt sie eine Zwischendecke, die darüberliegenden Teile sind immer noch im Rohbau.

Diese Halle – des Öfteren auch Ehrenhalle genannt – wird mit Geschäften und Reisebüros ausgestattet. An sie schließt sich, durch eine Treppe zu erreichen, die Abfertigungshalle von 50 Meter Breite, 100 Meter Länge und 19 Meter Höhe an. Das hat absoluten Neuigkeitswert, kein anderer Flughafen der Welt besitzt damals eine vergleichbare Anlage. An diesem Ort sollen die Flugschalter, Zoll- und Passkontrolle, Gepäckauf- und -ausgabe ihren Platz erhalten. Von der Abfertigungshalle gelangt der Passagier dann auf den Flugsteig, der zu diesem Zeitpunkt eine völlige Neuheit darstellt. Seine Höhe beträgt 12 Meter, und er erstreckt sich über die ganze Breite von 380 Metern. Das Dach des Flugsteigs besteht aus einer 40 Meter weit auskragenden Stahlkonstruktion. Sie verfügt auf ihrer ganzen Länge über keine Stützpfeiler, sodass die Flugzeuge – auch später moderne Mittelstreckenflugzeuge – gefahrlos unter diese Konstruktion rollen können. Das gibt dem Passagier die überaus angenehme Möglichkeit, bei jedem Wetter trockenen Fußes in das Flugzeug zu steigen, heute – mit anderen Techniken – eine Selbstverständlichkeit, in Tempelhof in dieser Form zum ersten Male eingeführt.

Links und rechts des Flugsteigs ziehen sich dann die Flugzeughallen hin. Sie bieten Platz für 120 Großflugzeuge – im

Sinne der Dreißigerjahre gedacht –, die hier gepflegt, gewartet und betankt werden können. Zum Flugfeld hin schließen Tore diese Hallen ab. Weitere Stellplätze – damals Ankerplätze genannt – befinden sich am Rande des Rollfelds unter freiem Himmel.

Ein Architekt setzt Maßstäbe: »Die Mutter aller modernen Flughäfen«

Im Sommer 1994 beschließt der Ältestenrat des Deutschen Bundestags, dass der Umbau des Reichstags in Berlin nach den Plänen des britischen Architekten Sir Norman Foster erfolgen solle.

Spätestens seit dieser Entscheidung ist Sir Norman jedem deutschen Zeitungsleser ein Begriff. Insidern und Architektur-Interessierten ist er es ohnehin seit Jahrzehnten. Sein Büro Foster and Partner agiert weltweit, und es sind nicht die kleinsten Objekte, die sie projektieren. Rund 270 Mitarbeiter arbeiten in seinem Architektur-Konzern. »Foster zählt zu den erfolgreichsten und innovativsten Architekten der Gegenwart und gilt als Großmeister der High-TechArchitektur«, wie das Munzinger-Archiv zu berichten weiß.

Zu seinen spektakulärsten Bauten gehört gewiss die 1987 fertiggestellte Zentrale der Hongkong and Shanghai Banking Cooperation, die mit einem Baukostenvolumen von 1,5 Milliarden Mark als das teuerste und bedeutendste Hochhaus der Nachkriegszeit in die Geschichte einging. Im Sommer '98 eröffnete – ebenfalls in Hongkong – der neue Flughafen, der wiederum von seinem Unternehmen entworfen wurde. Schon vor einigen Jahren gelang ihm mit dem dritten Londoner Flughafen-Terminal ein Meisterwerk, wie die Kritik rühmte. Das einstige Mitglied der Royal Air Force und späteren Hobby-Piloten wird es gefreut haben.

Liest man über Tempelhof, dann taucht immer wieder ein Zitat von ihm auf. Tempelhof sei, so wird Foster zitiert, »die

Mutter aller modernen Flughäfen«. Grund genug, ihn 1998 danach zu fragen.

»Ich kann mich gar nicht mehr daran erinnern, so etwas gesagt zu haben, aber ich könnte es gut gesagt haben. Es dürfte schwer sein, einen anderen Flughafen aus dieser Zeit zu finden, der über die Jahrzehnte Vorbild geblieben ist. Und wenn man überlegt, dass zehn Jahre, nachdem Tempelhof geschaffen wurde, Heathrow als eine Reihe von Zelten, ich meine, richtige Zelte aus Segeltuch, entlang der A4 entstand, dann sieht man die internationale Entwicklung. Er war bis zur Eröffnung des neuen Flughafens in Hongkong der größte der Welt.

Wenn aber ein Gebäude wie Tempelhof es heute noch schafft, die Aufmerksamkeit auf sich zu ziehen durch seine außerordentlichen Qualitäten und die Zeitlosigkeit des Baus, dann sagt das eine Menge über den Entwurf, der unglaublich vorausschauend war.

Ich nutze dieses Gebäude sehr oft. Ich fliege sehr oft nach Tempelhof oder starte von dort. Und wenn ich dann unter dem großen Dach entlanglaufe, bin ich immer wieder unerhört gepackt. Und ich fotografiere es immer und immer wieder.

Ich erinnere mich auch, wie ich zum ersten Mal selbst Tempelhof anflog. Das war noch in der Zeit, als man entlang des Korridors fliegen musste. Und ich durfte mit meiner kleinen Privatmaschine nur durch den Korridor fliegen, weil wir im Cockpit einen Experten dabeihatten, der mit dem Korridor und der Route vertraut war.«

Wie hat er Tempelhof als Pilot empfunden?

»Es ist schon spannend. Tempelhof liegt schließlich in der Stadt. Es ist wirklich dramatisch, auf Tempelhof zu landen. Schon wenn man zwischen den Häusern durchfliegt. Da steigt der Adrenalinspiegel. Es ist eine Art Mini-Hongkong-Anflug. Nicht ganz so dramatisch, wie es dort bis zur Eröffnung des neuen Flughafens war, wo man die berühmte Kurve im Anflug zu fliegen hatte. Aber ich denke, es ist ein sehr sicherer Flughafen. Er wird sehr gut betrieben, und er hat einen wunderschönen

Die stützenfreie Hangarkonstruktion des neuen Flughafens im Rohbau: Gesamtlänge 850 m, lichte Einfahrtshöhe 12 m. Auch Jahrzehnte später konnten noch moderne Maschinen unter das Dach rollen.

Grundriss für einen Flughafen. Man kommt auf der Flugverkehrsseite an, steht unter diesem großen Dach, geht über Treppen in die Halle und kommt auf die Straßenseite – ein aufregendes Schauspiel. Und man ist in der Stadt!

Ich kenne keinen Flughafen der Welt, auf dem man ankommt, eine Halle durchschreitet und mitten in der Stadt ist. Normalerweise befindet man sich am Stadtrand, wenn man auf einem Flugplatz landet. Selbst der Londoner City Airport steht in der Wildnis. Man kommt nicht direkt in die Metropole, diese urbane Erfahrung fehlt. Und das ist in gewissem Sinne noch heute bei Tempelhof wie aus einem Science-Fiction-Film. Andererseits sieht er von der Straße gar nicht sofort wie ein Flughafen aus. Man glaubt eher vor einem großen Verwaltungsgebäude zu stehen. Für mich ist es eines der großartigsten Gebäude überhaupt, und ich bin leidenschaftlich für den

Erhalt. Und außerdem möchte ich dafür plädieren, dass Tempelhof weiter ein Flughafen bleibt. Er kann eine wertvolle Rolle für die Luftfahrt auch in Zukunft spielen, die mit Sicherheit zunehmen wird. Und er könnte den allgemeinen Luftverkehr für Berlin abwickeln. Es wäre eine große Tragödie, wenn die Entscheidung, den Flugbetrieb auf Tempelhof einzustellen, wahr würde. Doch in diesem Fall würde ich hoffen, dass der Versuchung widerstanden wird, das Land, das Flugfeld, zu bebauen. Wenn da jemand käme und Wohnhäuser, Industrie darauf bauen wollte, dann wäre das ebenfalls eine Tragödie. Denn das Gebäude würde seine Sicht verlieren. Es wäre, als wenn man einen Adelssitz auf dem Lande, der nur wirkt, weil er in einer bestimmten Umgebung steht, im Dialog mit der Landschaft steht, zubaute. Genauso wäre es bei Tempelhof, mit seiner großen Grünfläche mitten in der Stadt.«

Hat ihn Tempelhof beim Entwurf seiner eigenen Flughäfen beeinflusst?

»Indirekt mit Sicherheit, ja. Ich habe nie darüber nachgedacht, aber wenn ich an Hongkong denke, dann ist dort die bewusste Entscheidung für ein sehr großes Gebäude, interessanter, klarer, günstiger im Energieverbrauch, freundlicher für die Benutzer als eine Ansammlung von Gebäuden ohne Gesicht, in denen die Menschen von einem zum anderen gehen müssen. Alles auf ein Gebäude zu konzentrieren in einem beeindruckenden Maßstab – da hat mich Tempelhof, wenn ich darüber nachdenke, zumindest unterbewusst beeinflusst. Tempelhof hat all dies. Mein neuer Flughafen in Hongkong und Tempelhof sind beide Beweise dafür, dass man ein großes Gebäude planen kann, das in seiner Ausführung für den Besucher dann doch eine angenehme Atmosphäre bietet. Tempelhof hat diese ungewöhnliche Mischung, beeindruckend zu sein wie eine Kathedrale, und trotzdem fühlt man sich nicht erschlagen. Es ist sehr menschlich, sehr freundlich und übersichtlich dort.«

Wenn Sie an Tempelhof denken, wo würden Sie Ihren Architekten-Kollegen kritisieren, wo loben?

»Er war seiner Zeit voraus. In einem anderen Sinn stand er in seiner Zeit an der Spitze der Entwicklung. In der städteplanerischen Gestaltung war er ein Kind seiner Zeit. In einer Vielzahl europäischer Länder damals wurde ähnlich gebaut, mit vertikalen Linien, Glas und so weiter. Es war ein großer Ausdruck von Kraft. In einer bestimmten Weise wie die großen Bahnhöfe des 19. Jahrhunderts in London. Der vorherrschende Zeitgeist in der Architektur damals spiegelte sich in den Eingangshallen wider. Und in diesem Sinne hat die Gestaltung der Eingangsbereiche eine große Bedeutung. Doch ich würde das nicht aus der zeitgenössischen Architektur damals herauslösen.

Aber wenn man durch die große Halle von Tempelhof geht, bemerkt man die Anleihen an die großen Bahnhöfe des 20. Jahrhunderts. Allein die Höhe, die Kraft der Gestaltung, die von der architektonischen Zwangsjacke der Front befreit ist. Oder wenn man sich den Plan des Gebäudes betrachtet, den Ausdruck, wie die große Halle die Hangars und die Empfangsräume umfasst zusammen mit dem großen Dach über dem Vorfeld. Und immer wieder dieses Dach! Alleine die Möglichkeit, ein Flugzeug unter diesem Dach parken zu können! Selbst heute ist das noch möglich, ungeachtet der technischen Entwicklung. Natürlich geht unter das Dach kein Jumbo, aber für den ist der Flughafen insgesamt zu klein. Aber diese geniale Idee, Flugzeuge und Passagiere vor der Witterung durch ein riesiges Dach zu schützen, das war schon ein bisschen wie Fritz Langs ›Metropolis‹ – eine Vision der Zukunft.

Keine Vision der Zukunft, dafür aber in umso stärkerem Kontrast zum herkömmlichen Flughafen von heute ist die Art und Weise, wie der Passagier den Terminal verlässt und das Flugzeug betritt. Er geht durch einen dieser anonymen Finger, er sieht vom Flugzeug nur die Tür, nie die ganze Maschine. Das ist bedauerlich. Nicht so in Tempelhof. Zu wissen, worein man sich begibt, hat eine unerhörte spirituelle Dimension.«

Und zum Schluss ein großes Wort eines großen Architekten über ein großes Gebäude: »Tempelhof verkörpert für mich in vielfältiger Weise den Geist des 20. Jahrhunderts!«

Unterirdische Zukunftsplanung: Tunnelbauten und geheime Bunker

Auch die neue Anlage dient der Selbstdarstellung und Präsentation neuer Projekte der Luftfahrtentwicklung. Die technische Entwicklung schreitet im Flugwesen enorm voran: Vom Staat gefördert, erreicht die Entwicklung in Deutschland für kurze Zeit sogar die Spitze des Weltstandards.

Am 10. August 1938 starteten die Piloten Henke und von Moreau den ersten Nonstop-Atlantikflug von Staaken aus mit einer Focke-Wulf 200 nach New York. Den Rekord der Zeit stellten sie bei ihrer Rückkehr auf. Nach nur 19 Stunden und 54 Minuten landeten sie, von New York kommend, in Tempelhof. So schnell hatte noch niemand den Atlantik überquert; der Jubel dieser Tage war überzeugend. Eine Veränderung der Struktur des Weltverkehrs deutete sich an. Passagiere und Fracht gelangten schneller als zu Schiff von einem Kontinent zum anderen. Neue Perspektiven zeigten ihre Konturen. Im Juni 1939 richtete die Pan Am zwischen Nordamerika und Europa den ersten regelmäßigen Linienverkehr ein.

Von der Öffentlichkeit wenig beachtet und auch aus Sicherheitsgründen nicht immer zu betreten sind die Anlagen unter dem Flughafen. Keller und Tunnel ziehen sich unter dem gesamten Flughafengebäude entlang und sind wegen der Lasten, die sie zu tragen haben, statisch besonders stabil angelegt. Sie wurden während seines Betriebes in erster Linie vom Flughafen genutzt und entsprechend den damals geltenden Richtlinien des Luftschutzes konstruiert. Hierzu gehörten zunächst Versorgungseinrichtungen, die bei einer derartig großen Anlage des damals größten Gebäudes Welt einfach notwendig waren und dem zu erwartenden großen Publikumsandrang gewachsen sein mussten.

Weiterhin gehörten Luftschutzkeller für die Bevölkerung dazu. Sie wurden mit in die Anlage gebaut, ohne von der Öffentlichkeit besonders wahrgenommen zu werden. Sie gehörten eben einfach zu Neubauten dieser Zeit dazu, und bei einem Flugplatz waren sie Teil der Anlagen. Gleichzeitig baute man Funktionseinrichtungen mit hinein, die nicht unbedingt bei einem Flughafen zu erwarten waren, aber man war eben modern. So zum Beispiel ein Wasserwerk, das man in Betrieb nehmen wollte, falls die Versorgung »von außen« unterbrochen werden sollte. Es hatte eine vergleichbare Größe wie das Wasserwerk der Stadt Frankfurt (Oder). Mögen dabei auch wirtschaftliche Überlegungen eine Rolle gespielt haben und bei dem hohen Verbrauch die Wasserpreise die Überlegung mitbestimmt haben, das ganze Programm hatte in sich autarke Momente, die das Gelände von der Stadt unabhängig machen sollte. 1937 entstand auch ein eigenes Elektrizitäts- und Fernwärmewerk in Schöneberg, das ebenfalls den Autarkieüberlegungen geschuldet war.

Andere Anlagen, die heute noch vorhanden sind, aber nicht genutzt wurden, dokumentieren den damaligen Stand der Überlegungen zur Bedeutung des Flughafens. Im Rahmen des Umbaus Berlins zur »Welthauptstadt Germania« war der Neubau von zwei großen Bahnhöfen geplant, die als Kopfbahnhöfe im Norden und Süden der Stadt gebaut werden sollten. Die Verkehrsanbindung sollte im Wesentlichen über die Ringbahn erfolgen. Allerdings dachte man daran, zwischen beiden Bahnhöfen eine Verbindung für den schnellen Austausch der Postwaggons zu schaffen, die durch einen Posttunnel zwischen den Bahnhöfen hergestellt werden sollte. Dieser Tunnel sollte einen Abzweig zum Flughafen Tempelhof erhalten, um auf diesem Weg einen raschen Weitertransport der Post- und Luftfrachtsendungen zu ermöglichen.

Der Bau des großen Posttunnels wurde begonnen, fertiggestellt wurde der Teil auf dem Flughafengelände. Im Bereich der Abfertigungshalle verläuft er unterirdisch auf 300 Meter Länge zusammen mit einer Straße. Die Gleisanlage zieht sich dann südlich des Flughafengeländes hin und verläuft am Südrand des Rollfeldes parallel zu den Gleisen der Ringbahn, um dort einen Anschluss an den Güterbahnhof in Neukölln zu erhalten. Die

Hintergründe, die zum Bau dieses Tunnels führen, sind also nicht spektakulär und wenig geheimnisvoll, aber Legenden ranken sich immer wieder darum. Eine der Legenden spricht von einem Autotunnel, der von der Reichskanzlei in der Wilhelmstraße zum Flughafen führen soll; hier hat wohl die Phantasie übergroße Blüten getrieben.

Bei Kriegsbeginn gab es Befürchtungen, dass es feindlichen Flugzeugen doch gelingen könne, Berlin zu erreichen und eventuell den Flughafen zu bombardieren. Deshalb wurde gleich nach dem Überfall auf Polen der zivile Luftverkehr in ganz Deutschland eingestellt. Die Lufthansa musste Flugzeuge an die Luftwaffe abgeben, und am 1. November 1939 wurde in geringerem Umfang der Flugbetrieb wiederaufgenommen. Tempelhof blieb zunächst davon ausgenommen. Wer nach Berlin mit dem Flugzeug wollte, landete im Süden Berlins, in Rangsdorf, auf dem dort zwischen 1935 und 1936 errichteten Sportflugplatz. Am 7. März 1940 erfolgte dann die Zurückverlegung nach Tempelhof.

Während des Zweiten Weltkriegs sind Teile dieser Tunnelanlagen für die Bevölkerung als Luftschutzbunker genutzt worden, in andere Bereiche zogen ab Herbst 1943 Produktionsstätten der Rüstungsindustrie, Betriebe, die für die Luftwaffe Ersatzteile produzierten, ja, ganze Flugzeuge in Serie endmontierten.

Je länger der Krieg dauerte, je mehr Männer im »wehrfähigen Alter« an die Front geschickt wurden, desto mehr wurden sie durch Zwangsarbeiter ersetzt. Männer und Frauen aus den besetzten europäischen Ländern, die anfangs noch angeworben, später zur Zwangsarbeit ins »Reich« verschleppt wurden. Ohne diese Sklavenarmee wäre die Kriegswirtschaft des NS-Staates und die Versorgung der Zivilbevölkerung schon Anfang der 40er-Jahre zusammengebrochen.

Schon kurz nach Kriegsbeginn hatte so die »Weser« Flugzeugbau GmbH erst Teile, dann das Gros ihrer Produktion aus Norddeutschland nach Berlin Tempelhof verlegt. Produziert wurde hier die Ju 87, der sogenannte Stuka, in Großserie. Die ersten ausländischen Arbeitskräfte waren im Herbst 1940 Polinnen, später kamen französische Kriegsgefangene, Facharbeiter aus Frankreich, den Niederlanden, Belgien und der Tschechoslowakei dazu. Nach dem Überfall auf die Sowjetunion 1941 kamen sowjetische Kriegsgefangene und Zwangsarbeiter auf das Tempelhofer Feld. Nicht zu vergessen: unter den Zwangsarbeitern waren auch deutsche Juden, die zum »geschlossenen Arbeitseinsatz« dienstverpflichtet worden waren.

Eingesetzt wurden diese Zwangsarbeiter auch von der Deutschen Lufthansa AG, die auf dem Flughafen Tempelhof unter anderem in zwei Hangars Militärmaschinen reparierte.

Genaue Daten über die Anzahl der eingesetzten Zwangsarbeiter liegen nicht komplett vor. Aber gesichert ist wohl, dass 1944 allein bei der »Weserflug« 2000 ausländische Arbeitskräfte eingesetzt waren.

Hausen mussten diese Männer und Frauen, von Wohnen konnte nicht ernsthaft die Rede sein, in einem Barackenlager, das direkt im Anschluss an das neue Flughafengebäude errichtet und mehrfach vergrößert werden musste. Das Lager war mit Stacheldraht umzäunt und wurde scharf bewacht. Etwa 20 Baracken sollen es bei Kriegsende gewesen sein. Die Menschen schliefen in verwanzten Betten, die Verpflegung war schlecht und die medizinische Versorgung – falls es welche gab – ebenfalls.

Die Geschichte der Zwangsarbeiter auf dem Flughafen Tempelhof ist, wie überall in Deutschland, wo diese Art der modernen Sklaverei praktiziert wurde, kein Ruhmesblatt. Sie wurde, wie im Nachkriegsdeutschland allgemein üblich, deswegen auch gerne totgeschwiegen oder verdrängt.

Erst in den 90er-Jahren hat sich die Berliner Geschichtswerkstatt e. V. des Themas angenommen und die Geschichte der »vergessenen Lager« angefangen zu erforschen.

Während des Krieges: Dienst tun auf Tempelhof

Alfred Hörmann und der Flughafen Tempelhof – die beiden gehören einfach zusammen. Zum ersten Mal gearbeitet in Tempelhof hat er schon als junger Mann während des Krieges. Und Zeit seines Lebens hat ihn der Flughafen nicht mehr losgelassen.

Ursprünglich wollte er mit einer Ausbildung in dem Rüstungsbetrieb Weser-Flugzeug-Bau in Bremen nur dem Militärdienst entgehen. Doch er gewann so viel Interesse an der Arbeit, dass die Firma neue Techniken, die er entwickelt hatte, zum Patent anmelden konnte.

Und so dauert es nicht lange, dass der junge Flugzeugtechniker 1943 mit 23 Jahren von Bremen nach Berlin versetzt wurde und kurze Zeit später zum Technischen Leiter aufstieg, verantwortlich für die Endausrüstung der Ju 87, die in den Hallen von Tempelhof im Lizenzbau montiert wurde.

»Im Krieg war ja jeder froh, wenn er nicht zum Militär musste. Aber die Firma meinte, ich solle doch in die Partei eintreten. Dann hätte ich gleich eine Lohngruppe mehr bekommen. Das habe ich aber nicht gemacht. Nach dem Krieg war das mein Vorteil. Denn nach dem Krieg durfte ich mich hier auf Tempelhof wieder sehen lassen.«

Sein Unternehmen sei während des Kriegs der größte Mieter in Tempelhof gewesen.

»1941 hatte die Weser-Flugzeug-Bau die Hallen 3 bis 7, einschließlich der großen Abfertigungshalle, gemietet. Dazu kamen noch Arbeitsbaracken außerhalb, weil der Platz nicht reichte. Mit uns im Gebäude war die Lufthansa in Halle 1 und 2, und den Rest teilten sich das Reichsluftfahrtministerium, die Bauleitung, die Verwaltung und einige kleinere Mieter.

Der Neubau war zu diesem Zeitpunkt ja nur zu 70 Prozent der früheren Planung fertiggestellt. Die Verwaltungsräume für die Lufthansa und das Reichsluftfahrtministerium waren bezogen. Das waren 9000 Büroräume.«

Herr Hörmann hat im Familienalbum gekramt und ein Foto aus den Anfangsjahren auf Tempelhof mitgebracht.

»Hier auf dem Flugsteig, der 380 Meter lang war, wurde die Ausrüstung der Ju 87 endgefertigt. Damals war die Wochenschau da und hat uns aufgenommen.« Eine Rarität, denn ansonsten war es strengstens verboten, in einem Rüstungsbetrieb private Erinnerungsfotos zu machen.

Warum wurde die Ju 87 gerade in Tempelhof montiert?

»Dieser Flugzeugtyp wurde ja an vielen Orten in Deutschland gebaut. Wir haben hier ungefähr 1400 Stück gefertigt. Insgesamt sind aber über 5000 gebaut worden. Es gibt andere Flugzeugtypen, wie die FW 190, die ist rund 35 000-mal gefertigt worden. Die Deutschen haben während des Krieges ja so viele Flugzeuge gebaut, der Himmel hätte schwarz sein müssen. Aber im Wehrmachtsbericht hieß es immer, wir hätten da oder dort nur zwei, drei Maschinen verloren. Die haben dabei wohl vergessen, ein oder zwei Nullen dranzuhängen.«

Der Flugzeugbau während des Krieges stand nicht nur in Tempelhof unter einem ungeheuren Termindruck. Was die »Heimatfront« produzierte, fraß der Krieg auf. Je länger er dauerte, umso größer wurden Verluste an Menschen und Material und umso schneller mussten die Rüstungsbetriebe liefern – ein Teufelskreis, der Herrn Hörmann aber davor bewahrte, Soldat zu werden.

»Ich habe die Termine gehalten. Ich erinnere mich an einen der vielen Monate, in denen wir wieder Schwierigkeiten hatten. Die Zulieferungen kamen nicht rechtzeitig, und wir waren im Verzug. Der Betriebsleiter kam zu mir und sagte: ›Wir müssen zum Jägerstab und das Programm kürzen lassen.‹ Das hätte bedeutet, dass Köpfe gerollt wären. Nicht, dass da jemand enthauptet worden wäre. Aber das hätte bedeuten können, dass Leute bei uns ihre Position verlieren und eingezogen werden. Ich habe dann die Arbeitsabläufe umstrukturiert und einen Vorschlag ausgearbeitet, wie wir trotzdem in der Lage sein könnten, jeden Tag sieben Maschinen zu bauen. Und es hat geklappt. Es war eben eine harte Zeit.

Die Ju 87, das war der Stuka, der erfolgreichste Flugzeugtyp Anfang des Krieges. Aber nach zwei Jahren ließ der Erfolg nach, denn die Alliierten hatten unter anderem mit dem Spitfire aufgeholt und die Stuka vom Himmel geholt wie reife Äpfel. Schnell war sie nicht, nur wenn sie im Sturzflug das Ziel anflog.«

Was hat ihn nur so fasziniert am Flugzeugbau?

»Gar nichts«, lacht er, »das war eine notwendige Arbeit, die ich machen musste, um nicht in den Krieg ziehen zu müssen. Ich hatte viele Freunde, die nicht mehr zurückgekommen sind. Von meiner Schulklasse mit 38 Jungs waren nur noch drei übrig. Die anderen sind alle gefallen. Auch von den Kollegen, die hier von der Firma eingezogen wurden, sind viele nicht wiedergekommen. Ich erinnere mich an einen, der glaubte, ihn treffen sie nicht, weil er so klein war. Nach fünf Tagen war er gefallen. Die Unerfahrenen trifft es doch immer zuerst an der Front.«

Welchen Schutz bot Tempelhof den Arbeitern bei den vielen Luftangriffen auf die Stadt?

»Für uns Flugzeugbauer gab es keine Luftschutzkeller. Die waren, als wir nach Tempelhof kamen, bereits alle an die anderen Mieter vergeben. Wir hatten Glück. Während aller Angriffe sind nur zwei Luftminen in das große Gebäude eingeschlagen. [...] Wir hatten hier zwölf verschiedene Nationalitäten. Das waren alles zwangsverpflichtete Arbeiter. Insgesamt waren hier 4500 bis 5000 Leute beschäftigt.«

War bei der großen Zahl von zwangsverpflichteten Arbeitern Sabotage nicht ein großes Problem? Alfred Hörmann erinnert sich nur an einen Fall.

»Es war ein simpler Fall von Sabotage. Es wurde ein Kabelbündel von 2 Zentimeter Stärke durchgeschnitten. Es gab natürlich ein großes Hallo, und eine Untersuchung wurde eingeleitet, aber es kam nicht heraus, wer es war. Das war der einzige Fall, und das ist für mich bis heute verblüffend.«

»Hier in der Abfertigungshalle«, zeigt er, »war eine riesige Werkstatt. Hier wurden die Tragflächen von der Ju 87 gebaut, die wurden vertikal aufgestellt und mit Gerüsten umstellt. So konnten die Arbeiter von vier Seiten gleichzeitig an der Fläche arbeiten. Das hat eine Menge Zeit gespart. Da wurde gebohrt und genietet. Das war ein Höllenlärm hier. Die Ju 87 wurde bis Anfang 1944 gebaut, dann wurde die Produktion hier eingestellt. Dann kam die Focke-Wulf 190, ein Jagdbomber, der wurde im sogenannten Eisenbahntunnel hier auf dem Gelände endmontiert und ausgerüstet. Da passte die Maschine gerade so rein. Die Flächen hatten an den Spitzen gerade noch einen bis anderthalb Zentimeter Luft.«

Doch es reichte nicht aus, die Maschinen auf Tempelhof zu fertigen. Sie mussten zum Einsatz an die Front. Dafür zuständig war ein Kommando, das in Tempelhof stationiert war, das »Überführungsgeschwader Mitte«. Sehr viel erfahren lässt sich über das Geschwader nicht mehr. Aber eine junge Pilotin war ab Sommer 1944 bis Kriegsende bei dieser Einheit, deren Name sonst eher »Mit Lust und Liebe« – so der Titel ihrer Memoiren – in Verbindung gebracht wird: Beate Uhse. Seit Ende der Dreißigerjahre war sie eine begeisterte Pilotin, lernte Kunstflug, flog neue Maschinen ein. Dann, 1944, kam sie nach Tempelhof. In ihren Memoiren kaum mehr als nur eine Fußnote:

»Man fragte mich, ob ich dem ›Überführungsgeschwader Mitte‹ in Berlin Tempelhof zugeordnet werden wolle, der 3. Staffel. Ich war einverstanden und wurde offiziell im Rang eines Hauptmannes von der Luftwaffe übernommen. Ich trug nunmehr die eisblaue Offiziersuniform.

Wir waren 40 Flieger, darunter fünf Frauen. Die 1. Staffel hatte Bomber zu überführen, die 2. Staffel Jäger und Stukas; wir, die 3. Staffel, überführten Schulflugzeuge. Ab August 1944 flog ich für die 2. Staffel die Me 109, den legendären deutschen Jäger, zu den Einsatzorten.«

Während unten im unfertigen Gebäude Flugzeuge gefertigt wurden, stand oben auf dem Dach des »Kleiderbügels« eine Flak-Batterie. Über die ersten Jahre dieser Einheit ist nichts überliefert. Aber einige Luftwaffenhelfer, die frisch von der Schule geholt wurden und, kaum 15, 16 Jahre alt, Soldat spielen mussten, wissen aus dieser Zeit zu berichten. Einer von ihnen war Walter Anders.

»An der Waffe haben wir den gleichen Dienst wie die Soldaten getan, genau das Gleiche. Wir haben uns aber auch genau wie erwachsene Soldaten gefühlt. In der Regel haben uns unsere Ausbilder noch als Kinder angesehen und sind sehr kameradschaftlich gewesen. Es gab aber auch große Schwierigkeiten, denn zum anderen fühlten wir uns auch als Oberschüler, als Gymnasiasten, als kommende Elite der Nation. Und wenn uns ein Ausbilder fragte, was wir von Beruf seien – das waren ja selbst junge Leute –, und wir antworteten: Oberschüler, dann hatten manche, die aus einfachen Berufen kamen, ganz gewaltige Ressentiments. Unser Wachtmeister, ein Skilehrer aus Kitzbühel, war ein ausgemachtes Schwein. Der hat uns schön gepiesackt. Denn obwohl wir so jung waren, waren wir ihm und den anderen Ausbildern ja meistens überlegen. Da gab es natürlich Konflikte. Eine Genugtuung habe ich nach dem Krieg erlebt. Unteroffizier Krüger, Geschützführer auf Tempelhof, hatte uns mächtig geschunden. Und ihn habe ich dann als Straßenbahnfahrer wiedergetroffen. Das war mir eine Genugtuung!«

Auf Tempelhof haben die Jungs dann mit den erwachsenen Soldaten ihren Dienst geschoben.

»Unser direkter Vorgesetzter war der Zugführer, ein Feldwebel. Jedes Geschütz wurde von einem Unteroffizier geführt, und dann war noch ein Mann Stammbesatzung dabei. Das waren meistens Magenkranke oder aus anderen Gründen nicht Frontdiensttaugliche. Und der Rest der Mannschaft, so sieben acht Mann, waren Luftwaffenhelfer. Wir haben die Waffe bedient, und als dann später die Mannschaftsstärke immer weiter reduziert wurde, um mehr Leute an die Front zu bekommen, haben wir auch Geschützführerfunktionen übernommen und selbständig gearbeitet. Das war kein Problem. Einer war ›Richtkanonier Seite‹. Er saß in einem Sitz an der Waffe, hatte eine Kurbel und konnte das Geschütz seitlich drehen. Der zweite war der ›Richtkanonier Höhe‹ zuständig für den Winkel des

Geschützes, dann war da der Ladekanonier, der stand erhöht und musste die gegurteten Patronen in die Waffe einführen, und der Munitionskanonier, der vom Munitionsbunker die Munition holen musste. Und dann war noch einer zur Hilfe beim Drehen der Waffe eingeteilt. Für den Fall, dass eine feindliche Maschine vorbeiflog und das Geschütz schneller geschwenkt werden musste, als der Richtkanonier an der Kurbel drehen konnte. Und einer war Entfernungsmesser. Mit einem optischen Gerät musste er die angreifenden Flugzeuge erfassen und laufend die Entfernung rüberschreien. Denn dementsprechend wurde der Vorhalt eingestellt. Der war am wenigsten angesehen, denn Dienst an der Waffe war ja Ehrensache. Aber er hatte den ruhigsten Job. Beim Exerzieren, wenn wir uns alle an der Waffe plagen mussten, dann stand er in der Ecke und schrie immer bloß Entfernungen zu. Und wir mussten kurbeln. Jeder hatte so seine feste Aufgabe, aber beherrscht haben wir alles und mussten es auch. Denn nach den Regeln der Wehrtechnik musste man ja mit Ausfällen rechnen. Es konnte einer verletzt oder getötet werden. Dann musste ein anderer sofort einspringen können.

Beide Kanonen auf dem Flughafen wurde dann synchron abgefeuert. Nur bei Tieffliegern haben wir ›auf Sicht‹ eigenständig geschossen. Aber nach Tempelhof kamen die zu meiner Zeit noch nicht.

Manche Batteriechefs haben sogar gerne mit uns gearbeitet, weil damals alle noch begeistert waren. Wir waren leichter lenkbar als die alten Leute und waren, im Sinne der Offiziere, bessere Soldaten. Wir haben schneller kapiert und uns nicht gedrückt. Ein Familienvater von 50 Jahren, der sah zu, dass ihm nichts passierte. Für uns stand das nicht zur Diskussion.

Wir waren links und rechts vom Ehrenhof auf dem Dach des Flughafens stationiert. Da stand je eine Vier-Zentimeter-Bofors 28, das waren polnische Beutegeschütze, die schossen 3500 Meter hoch, hatten aber bei diesen Angriffen keine Chance. Denn die Angriffe der Briten oder Amerikaner erfolgten in 6000 bis 7000 Meter Höhe. Wir sind da nie zum Schuss gekommen. Einmal wäre eine Gelegenheit dazu gewesen, aber da hat der Geschützführer, der Wachtmeister, geschlafen. Er hat zu spät mitbekommen, dass auf unserer erreichbaren Höhe ein Jagdbomber vorbeigeflogen ist.«

Wussten die Jungen eigentlich, dass sie mit ihrer Ausrüstung gar nichts gegen die Bomber ausrichten konnten?

»Na, wir haben es ja gemerkt. Die Dinger flogen für uns alle zu hoch, und wir standen dumm da. Trotzdem mussten wir bei jedem Alarm raus und die Waffe fertig machen. Es hätte ja mal ein Auffliegerangriff kommen können, aber erst Ende '43, Anfang '44 haben die Amerikaner dann Jagdmaschinen gehabt, die so weit nach Deutschland eindringen konnten. Die Hurricane und die Spitfire hatten ja keinen so großen Radius. Erst da war dann die Gefahr von Tiefangriffen gegeben.

Im Halbrund des Hauptgebäudes sind noch Türme und ein 60-Zentimeter Scheinwerfer. Der leuchtete auch bis 3000 Meter, wenn man den Himmel absuchte. Das bekamen wir nur durch die großen 2-Meter-Scheinwerfer der großen Flak zu sehen. Der restliche Teil unserer Batterie war am Ostrand des Tempelhofer Feldes, bei Neukölln, stationiert, und der erste Zug lag in der Götzstraße, wo heute das Schwimmbad ist. Der hat einen Volltreffer abgekriegt. Da gab es zwei Tote.

Für uns hier auf dem Flughafengelände war es ein angenehmes Leben. Neben dem HJ-Abzeichen haben wir die HJ-Armbinde getragen, wie offiziell verlangt. Wenn wir also aus der Stellung heraus auf Urlaub gingen, dann verschwand das Abzeichen zuerst und als zweites die HJ-Armbinde. Und dann haben wir den Luftwaffen-Adler aus Blech angesteckt. Wir haben uns als Soldaten empfunden und nicht als Hitler-Jungen. Aber unsere Arbeitsuniformen waren normale Flak-Uniformen, manchmal noch mit Einschusslöchern, die nur zugenäht waren. Das war die zweite Uniform.

Die Hitler-Jugend hat immer wieder versucht auf uns einzuwirken, indem sie uns professionelle Hitler-Jungen-Propagandisten geschickt hat, die mit uns Heimabende und sonst was machen sollten. Die haben wir manchmal verprügelt und rausgeschmissen. Wir hatten damit nichts im Sinn.«

Für das Kriegsabitur waren Walter Anders und seine Klassenkameraden noch zu jung, bevor sie eingezogen wurden. Der Unterricht wurde neben dem neuen Soldatenleben abgehalten.

»Die Arndt-Oberschule, meine Schule, lag am Mehringdamm, also ganz in der Nähe. Am Nachmittag hatten wir dann Unterricht auf Tempelhof. Zum Beispiel von drei bis fünf Mathematikunterricht, weil bloß der Mathematiklehrer kam, oder dann drei Stunden Latein. Nun waren wir ja von den Nachtangriffen auch müde, also das mit dem Unterricht war wirklich sinnlos. Einzelne Lehrer sind uns sogar noch bis nach Stettin und bis an die Front nachgereist, als wir Tempelhof verließen. Und wir hatten dann auch noch Unterricht. Das war Pflicht. In dem Entwurf von Göring stand, dass der Unterricht weitergeführt werden sollte, und der Reichserziehungsminister Rust hat sogar sehr um die geistige Schicht der kommenden Ingenieure und Intellektuellen gebangt, weil doch deren Schulbildung unterbrochen würde.«

Haben die Luftwaffenhelfer eigentlich jemals erfahren, warum sie gerade auf dem Dach von Tempelhof stationiert waren?

»Wir sollten die Nahverteidigung des Flughafens gegen Tiefflüge übernehmen. Doch in der Zeit, in der ich dort mit meinen Klassenkameraden stationiert war, und auch etwas später, ist da nie etwas Großes passiert. Wenn ich mal auf Urlaub war und am Flughafen vorbeigegangen bin, stand das Ding immer noch und der Adler oben drauf auch. Zwei kleine Bomben sind auf den Flughafen gefallen, aber die haben unwesentlichen Schaden angerichtet. Auf dem Flugfeld sah man gelegentlich Bombentrichter, aber das war ja Rasen. Und da haben sie nur geringe Schäden angerichtet. Auch das Rollfeld direkt vor dem neuen Gebäude blieb unversehrt. Wir wohnten ja alle hier im Kiez rund um den Flughafen. Wenn dann Angriffe kamen, konnte man immer sehen, wo etwas blitzte. Wir standen oben auf dem Dach und haben das ganze Feuerwerk mitgekriegt. Besonders unangenehm war es, wenn die Markierungen, die die Bomber abschmissen, näherkamen. Einmal liefen bei einem Tagesangriff mehrere Bombenketten vom Anhalter Bahnhof direkt auf uns zu und endeten erst auf dem heutigen Platz der Luftbrücke. Bei uns lagen oft Splitter auf dem Dach. Sowohl Bomben- als auch Flak-Splitter.«

Was war das für ein Gefühl, mitten in einem Angriff zu stehen, wenn es rings um einen kracht und brennt?

»Ehrlich gesagt, man denkt ›Um Gottes willen, was passiert da!‹ Und Angst, Angst. Aber die hielt nicht lange an, und dann kam Wut hoch und der Wille, es ›denen‹ zu geben. Aber das ging ja nicht. Die flogen zu hoch. Man selber aber fühlte sich auf dem Dach befreiter, als wenn man im Keller unten saß und das Haus wackelte. Wir fühlten uns draußen besser. Und viel gefährlicher als unten im Keller war es auch nicht. Da konnte man verschüttet werden. Nach jedem Angriff wurde übrigens uns Luftwaffenhelfern je eine Rolle Drops ausgegeben, während die Alten eine halbe Flasche Schnaps bekamen.«

Wie sah mitten im Krieg der Alltag auf dem Flughafen aus?

»Einen regulären Flugverkehr gab es nicht mehr. Lediglich Kuriermaschinen sind gelandet. Aber auch die sehr selten. Ich kann mich nicht erinnern, dass eine Ju 52 noch mit Passagieren gelandet wäre. Aber Fieseler Storch und die kleine Messerschmitt Taifun, also Kuriermaschinen, die kamen.«

Der Flugplatz stellte während des Luftkriegs der Alliierten gegen Deutschland und hier insbesondere gegen Berlin kein besonderes Ziel dar. Zwar fielen hin und wieder Bomben auf den Flugplatz und machten das Rollfeld für kurze Zeit unbrauchbar, aber einen konzentrischen Angriff auf die Einrichtungen des Flugplatzes gab es nicht. Für diesen ungewöhnlichen Vorgang gibt es einleuchtende Gründe. Einerseits starteten und landeten in Tempelhof ausländische Verkehrsflugzeuge, mit deren Herkunftsländern Spanien, Portugal, Südamerika, Schweiz und vielen anderen die Alliierten sich nicht im Kriegszustand befanden. Andererseits, warum sollte man eine Anlage zerstören, deren Einrichtungen man nach dem militärischen Sieg über Nazi-Deutschland dringend benötigte? Die Alliierten hätten dann die Anlage unter großen Kosten wiederherstellen müssen, um sie zu nutzen. Außerdem war der Gewinn, den die deutsche Luftwaffe aus einem zivilen Flugplatz ziehen könnte, für den Kriegsverlauf gering. Tempelhof zu erhalten lag also im Interesse der künftigen Sieger.

Im April 1945 werden noch Flüge nach Danzig, Dänemark, Norwegen, Schweden, Spanien und Portugal unternommen, aber das sind eher Ausnahmen.

Kurz vor dem Ende des Kriegs und der Schlacht um Berlin passierte noch etwas Merkwürdiges. An der gesamten Planung, am ganzen Ausbau des Flughafens Tempelhof war die Stadt, die Eigentümerin der Grundstücke, nicht beteiligt. Weder stellte die Stadt Berlin Finanzmittel zur Verfügung, noch beteiligte sie sich an dem Unternehmen. Auch der Rat der kommunalen Behörden wurde nicht eingeholt. Doch am 19. April 1944 schloss sie einen Vertrag, in dem die Stadtgemeinde Berlin das Flughafengelände in Erbbaurecht an die Berliner Flughafen-Gesellschaft übergab.

Der Krieg bewegt sich auf Berlin und den Flughafen zu. Am 9. März 1945 ergeht der »Grundsätzliche Befehl für die Vorbereitungen zur Verteidigung der Reichshauptstadt«, der auch den Flughafen Tempelhof betrifft. In der Neuen Flughafenstraße richtet der »Kommandeur des Verteidigungsbereichs D« seinen Sitz ein. Im Flughafen-Verwaltungsgebäude baut der »Abschnittskommandeur D mit dem Abschnitts-Flakführer D« seinen Gefechtsstand auf. Von hier aus soll die gesamte Verteidigung bei den Angriffen aus dem Süden geleitet werden. Die Gebäude und das Gelände des Flughafens werden zur Verteidigung eingerichtet.

Es ist besonnenen Männern zu verdanken, dass die Befehle zur Verteidigung und Zerstörung des Flughafens unterlaufen und nicht umgesetzt wurden. Insbesondere ist dabei auf Rudolf Böttger zu verweisen, den Direktor des Flughafens Tempelhof, der Waffen beseitigen und in den großen Räumen ein

Feldlazarett einrichten ließ. Als er den Befehl zur Sprengung erhielt, soll er sich – so wird berichtet – das Leben genommen haben, um diesen Befehl nicht ausführen zu müssen.

Planmäßig verlässt am 21. April 1945 die letzte Maschine den Flughafen. Am 22. April starten noch einige deutsche Maschinen von Tempelhof. Sie waren auf dem Flugplatz Johannisthal für den Flug bereitgemacht worden, und nach kurzer Landung und dem Verladen von Gütern flogen sie nach Travemünde und München, wohin sich die Lufthansa bereits zurückgezogen hatte.

»Am 23. April um 1.00 Uhr verließ noch die Ju 52/3m D-AUAV mit Flugkapitän Schneehage den eingeschlossenen Heimathafen der Lufthansa, an Bord das Personal der Flugleitung Tempelhof. Gegen 3.00 Uhr folgte als letzte Maschine die DC 3 D-ATZP mit Flugkapitän Brill. Sie hatte außer Lufthansa-Personal auch drei schwedische Passagiere an Bord, auf die solange gewartet worden war. Nach einer kurzen Zwischenlandung in Warnemünde setzte Brill den Flug nach Schweden fort. Um 7.28 Uhr landete die D-ATZP fast planmäßig auf dem Flughafen Bulltofta in Malmö, und um 10.40 Uhr konnten die drei Passagiere in Stockholm-Bromma von Bord gehen.«

Am 28./29. April erreichen die sowjetischen Truppen den Flughafen, zu größeren Kämpfen ist es dabei nicht gekommen. Sie scheinen sich nicht groß um die Anlage gekümmert zu haben. Für die eigenen Zwecke nutzten sie die zahlreichen Flugplätze im Umland von Berlin, und da sie wussten, dass die Anlage nach dem Einzug der Westalliierten zum amerikanischen Besatzungsgebiet von Berlin gehören würde, ließen sie den Flugplatz, wie er war. Plünderungen durch die deutsche Bevölkerung, die in diesen Zeiten ständig auf Nahrungssuche war, fügten den Anlagen Schäden zu, Brände entstanden, und alles, was vermauert war, wurde zerstört, weil man hier geheime Bunker vermutete. Dem folgten auch die sowjetischen Soldaten, die die offen herumliegenden Unterlagen nicht interessierten, sondern, Gerüchten folgend, einen Bunkerraum aufsprengten, in dem Filme gelagert waren. Die Sprengung entzündete den Nitrofilm; übrig blieben nach mehrtägigem Schwelbrand ein dick verrußter Bunker und ausgeglühte Filmbüchsen.

In den Zeiten der Luftbrücke

Nicht ohne Spannungen: Neuanfang auf Tempelhof

Die Fotos von damals sprechen eine deutliche Sprache: Berlin 1945 – ein Trümmerhaufen. Der neue Flughafen selbst hat, abgesehen von einigen Schäden am Terminal, alles glimpflich überstanden. Nur wie überall in der Stadt liegt auch hier der Schrott des Krieges: halbfertige Flugzeuge, kaputte Autos, weggeworfene Waffen aller Art, Blindgänger.

Viele ehemalige Beschäftigte von Tempelhof kehren an ihren Arbeitsplatz zurück. So auch Alfred Hörmann. Anfang Mai kam er wieder zurück. Inzwischen wurde auf Tempelhof Russisch gesprochen.

»Wir haben dann Kontakt zu den Berliner Verkehrsbetrieben gesucht und haben in der Halle 7 kaputte Straßenbahnwagen repariert. Aus der WeserFlugzeug-Bau wurde so die Weser-Fahrzeug-Bau, und wir haben mit 80 Deutschen gearbeitet. Die Russen haben uns geduldet. Aber erst einmal mussten wir für sie auf dem Gelände die herumliegende Munition aufsammeln. Ich habe mich gewundert, dass die uns das so haben machen lassen. Die haben das nicht kontrolliert. Und als wir fertig waren, haben wir gefragt, was mit der Munition geschehen sollte. Da hieß es: eingraben. Da haben wir die Munition eben eingegraben: Patronen für Karabiner, Panzerfäuste, Handgranaten. Eben alles, was von den letzten Kämpfen übriggeblieben war. Ein totes Pferd, das auch noch da herumlag, haben wir mit einem Traktor über die Grube gezogen, damit keiner an die Munition gehen konnte. Später wurde eine Lagerhalle darüber gebaut. So liegt die Munition wohl heute noch da. Wahrscheinlich ist sie längst verrottet.«

Kurz zuvor gibt es großen Auftrieb auf Tempelhof. Der Flughafen ist der Ort, an dem alle Beteiligten, Sieger wie Besiegte, eintreffen, um dann nach Berlin Karlshorst weiterzureisen. Dort ist alles für die bedingungslose Kapitulation der Deutschen Wehrmacht vorbereitet. Alte Aufnahmen zeigen die Delegation der Wehrmacht unter dem Kommando von Feldmarschall Wilhelm Keitel. Er sitzt im Fond seines Wagens auf dem Flugfeld und studiert die Kapitulationsurkunde, die er bald darauf unterschreiben muss. Wieder und wieder liest er sie, als ob sich an der Niederlage noch etwas verhandeln ließe. Dann fahren die Delegationen ab, der Rest ist Geschichte.

Am 4. Juli 1945 besetzen amerikanische Soldaten den Flughafen Tempelhof. Als Erstes machen sie den Flughafen »clean«, eine damals weitverbreitete Form der Auseinandersetzung mit Geschichte. Man warf alles weg, verbuddelte es in der Erde, und den Rest überließ man dem Besen. Eine große Grube wird ausgehoben, und alles, was stört, dort hineingeworfen, der Flughafen soll Militärflugplatz werden und dies rasch. Nichts darf dieses Vorhaben behindern. Die von den Russen nicht geräumten unterirdischen Produktionsstätten sind voller Maschinen und Halbfertigfabrikate. Sie werden vor der Empfangshalle aufgetürmt, und dann als Schrott der Geschichte abtransportiert. An vielen Stellen Berlins entstanden derartige Hügel, so zum Beispiel auf den Treptower Wiesen, auf denen hochempfindliche Werkzeugmaschinen aufgestapelt, von Wind und Wetter angegriffen wurden und nach einiger Zeit nur noch Schrott waren.

Eine wenig sinnvolle Vergeudung von Ressourcen kennzeichnete die Monate nach dem Mai 1945. Für Tempelhof tragisch, alles »Unreine« hatte schnell zu verschwinden: Bau- und Personalakten, Gewehre und Kriegsgerät, Wertloses wie Wertvolles verschwand. Was nicht »in die Grube ging«, landete in einer Papiermühle. Alles ging nach der Devise *»make snell«*, Arbeitskräfte, die dies ausführten, erhielten eine besondere Vergütung in Form einer höher gestuften Lebensmittelversorgung. Man war glücklich, die Sorgen hat die Nachwelt. Das rigoristische Verhalten sollte den Weg in eine andere Zukunft frei machen.

Anderseits verhielten die Amerikaner sich mehr als diffizil; die Anlage gehörte der Stadt Berlin und wurde vom Magistrat verwaltet. Weitere Schritte vollzogen sich in Absprache mit diesem, so die Inbetriebnahme von zwei unzerstörten Flugzeughallen für die Wartung der amerikanischen Militärmaschinen. Allerdings übernahmen die amerikanischen Militärbehörden die Verwaltung der Anlage. Überraschend schnell einigten sich die Alliierten, die politisch unterschiedlich strukturiert waren, über die Wiederaufnahme eines Flugverkehrs in Tempelhof. Ein Abkommen wurde geschlossen, das drei Luftkorridore schuf, die je 32 Kilometer breit sein sollten und es dann auch wurden. Ihren Ausgangspunkt hatten sie in Hamburg, Hannover und Frankfurt am Main. So sollte gesichert werden, dass die drei Westalliierten ihren Teil von Berlin, ihre Besatzungszonen, erreichen konnten, ohne in Schwierigkeiten mit der vierten, der sowjetischen Besatzungsmacht zu kommen.

Durch die Korridore gelotst wurden alle Maschinen seit Februar 1946 von der Vier-Mächte-Luftsicherheitszentrale, die für die Kontrolle des Luftraums von Groß-Berlin und der drei Korridore verantwortlich war. Sie hatte bis zur deutschen Einheit ihren Sitz im alten Kammergericht an der Potsdamer Straße und war seit dem Auszug der Sowjetunion aus dem Alliierten Kontrollrat, 1948, die einzige Institution, in der die Siegermächte des Zweiten Weltkriegs weiter zusammenarbeiteten. Und die Flüge durch diese Korridore sind – bei allen Krisen während des Kalten Kriegs – sehr sicher. Nur zwei Fälle sind dokumentiert, in denen es zu ernsten Zwischenfällen kommt. Im April 1952 wird eine Maschine der Air France durch ein sowjetisches Jagdflugzeug beschossen. Insgesamt 22 Treffer werden nach der Landung gezählt. Im April 1963 ist es dann ein britisches Privatflugzeug, das mit fünf Salven beschossen wird. Beide Maschinen konnten aber sicher landen.

Ein Zusatzabkommen zum Potsdamer Abkommen vom August 1945 sprach, als Folge des Verlustes der Souveränität, Deutschland die Lufthoheit über dem eigenen Territorium ab. Die Lufthansa wurde aufgelöst, und kein deutsches

Eine Douglas C-54 Skymaster im Landeanflug über dem St. Thomas Kirchhof, dessen Baumallee aus Sicherheitsgründen für die schon tief fliegenden Maschinen gekappt werden musste.

Flugzeug – von denen es damals sowieso keine gab – durfte jetzt und in naher Zukunft Berlin anfliegen. Zunächst war mit dem Kriegsende das Ende der zivilen deutschen Luftfahrt beschlossen. In Deutschland interessierte dies zunächst niemanden, denn man hatte andere Sorgen. Die Lufthansa wird aufgelöst und erst 1955 wieder gegründet. Und dies gleich zweimal – in Ost wie in West. Allerdings musste sich die Lufthansa Ost nach einem Rechtsstreit in Interflug umbenennen. Ein typisches Beispiel dafür, welche Bedeutung im internationalen Geschäft ein eingeführter, solider Name hatte und hat.

Die US Air Force stationiert Flugzeuge auf dem Flughafen, aber er wird nicht beschlagnahmt. In enger Verbindung zu der Wirtschaftsstelle des sich neu bildenden Magistrats werden erste Arbeiten in Angriff genommen.

Das alte Flugfeld konnte genutzt werden, aber die amerikanische Luftwaffe zog es vor, eine erste provisorische Start- und Landebahn aus Stahl-Fertigteilen, sogenannten Luftlandeblechen, anzulegen. Bis dahin waren die Maschinen vom grasbewachsenen Rund vor dem Terminal gegen den Wind gestartet. Für diese Starttechnik, ausgelegt auf die in den Zwanziger- und auch noch Dreißigerjahren vorherrschenden Spornrad-Flugzeuge, bedurfte es keiner festen Bahnen. Sie waren auf den Start gegen den jeweils herrschenden Wind ausgelegt. Erstmals hatte man 1938 diesen Gedanken mit Startbahnen beim Bau des Flughafens in Bremen verbunden, der mit drei Bahnen jeweils eine für die vorherrschende Windrichtung bereithielt.

Der Bau auf Tempelhof 1946 ging schnell, war zunächst einmal haltbar, und mit dieser Art provisorischer Bahnen war das alliierte Flugpersonal noch aus dem Krieg vertraut. Gleichzeitig begann man mit der Beseitigung von Kriegsschäden, und in geringem Umfang wurde auch der Weiterbau der nicht fertig gestellten Anlagen aufgenommen. Da das alte Empfangsgebäude kriegszerstört war, ergab sich einfach diese Notwendigkeit, denn der Betrieb musste »laufen«. Aber alles war zeitbedingt sehr einfach.

Am 18. März 1946 wird der zivile Luftverkehr nach Tempelhof wiederaufgenommen, allerdings werden nur die Fluggesellschaften der Alliierten zugelassen. Das erste Flugzeug, das in Tempelhof landet, ist eine Douglas DC-4 der American Overseas Airlines (AOA), und mit ihr wird der wöchentliche Verkehr zwischen New York und Frankfurt am Main aufgenommen. Überwiegend dient diese Linie den Bedürfnissen der Besatzungsmächte; deutsche Passagiere sind für lange Zeit die Ausnahme in den Flugzeugen. Dazu benötigte man einen Interzonenpass und eine Devisengenehmigung, die kaum jemand bekommen konnte. Erst nach 1948, nach der Währungsreform, änderte sich dieser Zustand. Zunächst verlief der Flugbetrieb, dank der Luftkorridore, problemlos. Es konnte in der Luft keine Einmischung geben, und die mögliche Gefährdung war eben doch zu spektakulär.

»Operation Vittles«: Aus Siegern werden Beschützer

Anders auf der Straße und auf der Schiene, hier nehmen die Spannungen zu. Zunächst mit einer Taktik der Nadelstiche versuchen die Vertreter der sowjetischen Besatzungsmacht seit dem April 1948 immer stärkeren Einfluss auf die transportierten Personen und Waren zu nehmen. Die Westsektoren von Groß-Berlin – so nannte man das damals – lagen wie ein Kloß inmitten der Sowjetischen Besatzungszone und verhinderten, da der freie Zugang in diese Stadthälfte garantiert war, die Umsetzung weiterer politischer Vorstellungen. Die zielten vor allem darauf, diesen Teil Deutschlands fest in die eigene Machtsphäre einzubauen und damit letztlich die Spaltung des Landes vorzubereiten. Streitpunkt war die Einbindung oder Nichteinbindung des westlichen Teils Berlins in einen neuen Wirtschafts- und Währungsverbund.

Nach der Bildung der Bi- und der Tri-Zone begann sich in den westlichen Besatzungszonen Deutschlands eine neue

Wirtschaftsordnung zu etablieren, die unbedingt eine Währungsreform benötigte, um den Geldüberhang in der Bevölkerung zu beseitigen. Aber auch in den Banken und der Industrie brauchte man eine kompatible Währung, um auch auf dem internationalen Markt wieder tätig werden zu können. Offen blieb die Frage, ob West-Berlin in diesen Verbund mit einbezogen werden sollte oder nicht, denn die Teilstadt lag inmitten der Sowjetischen Besatzungszone und die dortige Wirtschaft war traditionell in die des engeren und weiteren Umlandes eingebettet und hatte nur wenig Beziehungen in den Westen und Südwesten.

Darauf baute die sowjetische Besatzungsmacht, die davon ausging, dass die West-Berliner Wirtschaft mit ihrer Insellage auf Dauer nicht überlebensfähig wäre, und plante, ganz Berlin unter ihre Kontrolle bringen zu können. Deshalb begann sie zunehmend den Verkehr von und nach Berlin zu kontrollieren, so erstmalig am 2. April 1948. Eine sowjetische Initiative in Europa sollte den sowjetischen Machtbereich festigen. Es begann mit den Ereignissen in Prag am 18. Februar 1948, die zum Sturz der Regierung und der Einsetzung einer neuen, sowjetisch orientierten führten. Der nächste Schritt in Richtung Westen sollte nun die SBZ und das von ihr umschlossene Gebiet West-Berlins treffen.

Krieg lag in der Luft, Transporte wurden kontrolliert und erste Absperrungen vorgenommen, die aber noch keine Abschnürung darstellten. Seit März 1948 zeigte die West-Berliner Bevölkerung bei mehreren großen Demonstrationen, dass sie sich dem sowjetischen Druck nicht beugen werde und zum Widerstand bereit sei. Auf westlicher Seite war man zunächst unentschlossen und wollte eigentlich aufgeben. Es war die Einführung einer »Bärenmark« nur für West Berlin geplant, die aber dann eine weitere Teilung zum Westen Deutschlands bedeutet hätte. Dem entschiedenen Eintreten von Lucius D. Clay, dem amerikanischen Militärgouverneur und dem Bürgermeister Ernst Reuter war eine Änderung in der Haltung zu verdanken: der eine überzeugte seine Regierung in Washington davon, dass weiteres Nachgeben noch weitreichendere Forderungen nach sich zöge, und der andere organisierte den Widerstand der West-Berliner.

Am 24. Juni 1948 wurde das Territorium von West-Berlin in die in den westlichen Besatzungszonen angeordnete Währungsreform mit einbezogen. Damit gab es in einer Stadt zwei Währungen, die unkontrolliert hin und her fließen konnten. Die sowjetische Militäradministration verhängte sofort die Blockade über die Stadt, Transporte von Menschen und Wirtschaftsgütern von und nach Berlin fanden nicht mehr statt. 2 Millionen Menschen waren eingekreist, in Haft genommen.

Eine Versorgung der West-Berliner Bevölkerung war von nun an nur auf dem Luftweg möglich. Lucius D. Clay gab am 26. Juni 1948 den Startschuss. Und da Militärs für größere Aktionen einen Codenamen brauchen, bekam die nun anlaufende Luftbrücke den Codenamen »Operation Vittles«, »Operation Lebensmittel«. 80 Tonnen Güter wurden an diesem ersten Tag durch Flugzeuge von Frankfurt am Main und Wiesbaden in die Stadt gebracht. Das war ein Zeichen, für einen stabilen Lebensunterhalt war es noch zu wenig. Aber es war auch mehr als ein Zeichen, denn nun hatten die westlichen Alliierten sich selbst in die Pflicht genommen und konnten nicht mehr zurück.

Zu diesem Zeitpunkt gab es zwei Flugplätze in West-Berlin: Tempelhof im amerikanischen Sektor und Gatow, der als Militärflugplatz genutzt wurde, im britischen. Neu entstand die Start- und Landebahn in Tegel, im französischen Sektor.

Es war logistisch ein kompliziertes Unternehmen. Die zunächst verfügbaren Flugzeuge vom Typ Douglas DC-3 konnten maximal 5 Tonnen Last tragen, gebraucht wurden aber täglich 5000 Tonnen lebenswichtige Güter, also wären pro Tag 1000 Starts und Landungen notwendig gewesen. An ihre Stelle traten daher bald viermotorige Maschinen vom Typ Douglas DC-4, die bereits 13 Tonnen Nutzlast befördern konnten.

Die schlagfertigen Berliner, die sich durch die Luft versorgt sahen, prägten sehr bald den heute noch gängigen Begriff »Rosinenbomber«. Einerseits waren die alliierten Bombenangriffe auf Berlin noch nicht vergessen, aber andererseits sah man, dass jetzt mit diesen Maschinen Leben und politische Freiheit gesichert wurden; dass statt Bomben Rosinen vom »Himmel fielen«.

Für den Flughafen Tempelhof stand nun die große Bewährungsprobe bevor, es musste sich erweisen, ob seine Anlage diesem großen Ansturm gewachsen war. Denn bis zum Oktober 1949 wurden 277728 Flüge nach Berlin absolviert, die 2326205 Tonnen Fracht nach West-Berlin brachten. Davon entfielen auf den Flughafen Tempelhof 1,7 Millionen Tonnen, also etwas mehr als 70 Prozent. Der Flughafen stand vor seiner größten Bewährungsprobe. Transportiert wurden vor allem Kohle für Heizzwecke und für die Kraftwerke, um zumindest ein Minimum an Elektroenergie für Beleuchtungs- und Versorgungszwecke einer modernen Millionenstadt zu sichern, sowie Lebensmittel.

Die Anlagen des Flugplatzes waren für diese hohe Belastung nicht eingerichtet. Zwar war Tempelhof einer der größten Flugplätze der Welt, aber mit dieser Inanspruchnahme hatte niemand gerechnet und konnte es auch nicht. Das Nadelöhr der gesamten Aktion lag in der Aufnahmekapazität der Flughäfen und im Zustand der Rollbahnen, die für eine derartige Inanspruchnahme nicht ausgelegt waren. Allein von der Rhein-Main-Airbase in Frankfurt startete alle vier Minuten ein Flugzeug oder, wie man damals sagte, »öfter als die Straßenbahn in Frankfurt, die nur alle 20 Minuten fährt«. In Tempelhof landete fast alle 90 Sekunden ein Flugzeug, denn auch von anderen Flugplätzen starteten Transporter nach Berlin.

Es war schon ein imposantes Bild, die Kette der landenden Flugzeuge zum Beispiel vom S-Bahnhof »Tempelhof« aus zu beobachten, zu sehen, wie die Flugzeuge zur Landung ansetzten, »herunterkamen« und mit welcher Präzision sie sofort eingewiesen wurden. Aber auch wie schnell ein verunglücktes Flugzeug aus dieser Kette herausgezogen und mit Bulldozern an den Flugfeldrand geschoben wurde, um sofort wieder »freie Bahn« für das nachfolgende Flugzeug zu haben.

Der größten Belastung war die Rollbahn ausgesetzt; sie war nur provisorisch aus Stahl-Fertigteilen ausgelegt worden. Bereits 14 Tage nach dem Beginn der Luftbrücke signalisierten die Techniker, dass sie nur noch weitere 60 Tage die Belastung aushalten werde. Die Bahn war einfach auf den Rasen verlegt worden und unter dem Gewicht der »Rosinenbomber« begannen sich »Haken und Ösen« zu lösen, sie brachen, sie begannen zu wandern. Eine Kolonne von Schweißern versuchte sie in den knappen Sekunden zwischen zwei Landungen immer wieder zu reparieren, aber auf die Dauer war dies keine Lösung. Eine neue Rollbahn musste bei laufendem Betrieb errichtet werden. Die bestehende Bahn war darüber hinaus sehr gefährlich, denn die Maschinen mussten durch ihre Lage relativ dicht über die angrenzenden Wohnhäuser fliegen.

Einen ausreichenden Maschinenpark, der amerikanischen Normen für einen Neubau entsprach, gab es im zerstörten Nachkriegs-Berlin nicht. Die notwendigen schweren Maschinen konnten zwar aus den USA ohne Schwierigkeiten nach Europa gebracht werden, aber nicht auf dem Landwege nach Berlin. In Frankfurt wurden sie auseinandergenommen und mit Schweißapparaten zerlegt, um dann einzeln nach Tempelhof gebracht zu werden. Hier mussten sie dann geduldig wieder zusammengebaut werden. Neben der vorhandenen Landebahn wurden zwei weitere mit einer Länge von je 1600 Metern gebaut, die dann ab September 1948 zur Nutzung bereitstanden. Um dieser Stahlbahn die notwendige Festigkeit zu geben, hatte man aus dem Schutt der zerstörten Häuser und aus S-Bahn-Schotter versucht, einen passablen Untergrund zu schaffen, aber auch dieses Vorgehen erwies sich als nicht dauerhaft, denn unter den ersten Belastungen begann auch diese Bahn zu wandern. Erst der Einsatz von Asphalt schuf die notwendige Festigkeit für die

Berliner verfolgen Starts und Landungen der amerikanischen Flugzeuge auf dem Flughafen Tempelhof.

Bahnen, die dann bis weit in die Fünfzigerjahre hinein benutzt wurden.

Ein weiteres Nadelöhr stellte die Entladung der Flugzeuge dar. Die Fracht musste rasch, sehr rasch aus den Flugzeugen herausgeholt und auf Lkws verladen werden. Auch hier war zunächst die Zahl der verfügbaren Autos zu gering und anderseits zu wenig Platz zum Umladen. Die hohe Kunst der Improvisation war gefordert.

Den Leistungen der Luftbrückenpiloten kann man nur große Bewunderung zollen, denn die Dichte des Einsatzes mit den damit verbundenen Gefährdungen erforderte ein hartes Regime höchster Genauigkeit, kein Fehler durfte passieren, denn der konnte tödlich enden. Und so war es eiserne Regel für die Piloten der Luftbrücke, dass sie nur einen Landeversuch hatten. Mussten sie – aus welchem Grund auch immer – durchstarten, blieb ihnen mit ihren vollbeladenen Maschinen nur der Rückweg. Die nächsten Maschinen hinter ihnen warteten ja schon! Und trotzdem gab es auch Unfälle und Abstürze; insgesamt 76 Todesopfer forderte die Luftbrücke. Doch »Operation Vittles« hatte auch einen Nebeneffekt, den die Sowjets mit Sicherheit nicht erwartet hatten. Die geschlagenen Deutschen in West-Berlin und in West-Deutschland standen mit den westalliierten Siegern auf einmal Seite an Seite gegen die vierte Siegermacht des Zweiten Weltkrieges. Die diplomatischen Strategen in Moskau müssen sich die Haare gerauft haben.

Aus den westalliierten Siegern werden in den Augen der West-Berliner Beschützer. Keiner kann damals voraussagen, welche Entwicklung der sich abzeichnende Kalte Krieg nehmen wird. Im Nachhinein betrachtet, ist das in die Luftbrücke Berlins investierte Geld nicht verschleudert. Obwohl die Kosten enorm waren. Die amerikanischen und britischen Steuerzahler bezahlten rund 200 Millionen Dollar dafür, wie der Historiker Wolfgang Benz recherchierte. Die Güter, die eingeflogen wurden, wurden größtenteils aus einem amerikanischen Hilfsprogramm finanziert, genauso wie das Berliner Haushaltsdefizit – immerhin monatlich 53 Millionen Mark.

Die Hauptlast trugen aber die Westzonen, die spätere Bundesrepublik, die ab November 1948 zehn Jahre lang das »Notopfer Berlin« von ihren Bürgern einfordert. Aber nicht nur dies: Auch die 1948 in den Westzonen eingeführte Kaffeesteuer, die eigentlich zur Verfügung der Länder im Westen sein sollte, wurde erst einmal zur Finanzierung der durch die Blockade entstandenen Kosten eingesetzt

Süßigkeitsrationen: Der »Candy-Bomber« beglückt die kleinen Berliner

Ganz umsonst, oder besser auf Spendenbasis, war der Einsatz eines Piloten, der als »Candy-Bomber« in die Geschichte der Luftbrücke eingegangen ist: Gail Halvorsen. Seine verrückte Idee rührte die Erwachsenen, und die Berliner Kinder liebten ihn dafür.

Die *Washington Post* brachte es mit ihrem Artikel in der Samstagsausgabe vom 25. 4. 1998 in ihrer Überschrift zu einem Artikel über Gail Halvorsen mit einem Wortspiel auf den Punkt:

»Dessert Storm: Berlin 1948
The Candy Bomber Made Life Sweeter for Blockaded Children«

»Das erste Mal, dass ich auf Tempelhof ankam«, erinnert er sich, »war im Juli 1948, während der Blockade von West-Berlin. Es war ein schöner Tag, nur ein paar Wolken standen am Himmel, als ich über Wannsee einflog. Berlin sah aus wie eine Mondlandschaft, die ganze Stadt schien total zerstört zu sein. So etwas hatte ich noch nie gesehen. Und als ich Tempelhof fand, sah ich, dass auch dort von den Wohnhäusern ringsherum meist nur noch die Fassaden standen. Aber der unzerstörte Flughafen Tempelhof war in diesem Meer der Zerstörung wie eine kleine Insel. Dieses große Gebäude mit seinen Hangars sah aus wie ein großer Adler, der seine Flügel ausbreitet. Das Gebäude strahlte Würde aus, mitten in der zerstörten Stadt.«

Während des Krieges hat Gail Halvorsen im Südatlantik seinen Dienst getan. Nie war er bei einem Angriff auf Berlin dabei.

»Aber einige meiner Freunde haben im Krieg Bombenangriffe auf Berlin geflogen. Und sie kamen zur Luftbrücke zurück und fanden es viel besser, eine Stadt zu retten, als sie zu zerstören. Sie fühlten sich sehr gut dabei.«

Aber der Krieg war gerade erst drei Jahre vorbei. Welche Gefühle hatte er gegenüber den Deutschen, den Berlinern?

»Meine Gefühle zu den Deutschen waren durch die Propaganda während des Krieges geprägt. Und ich dachte damals, besser wir zerstören sie, bevor sie uns zerstören. Und so war ich sehr gespannt, während ich nach Berlin flog, wie meine erste Begegnung mit Deutschen sein würde und wie ich mich dabei fühlen würde. Ich hatte 20 000 Pfund Mehl an Bord, als ich in Tempelhof landete und die Ladetüren geöffnet wurden. Gleich stiegen zehn deutsche Ladearbeiter in meine Maschine. Einige hatten noch ihre alten Wehrmachtsmützen auf dem Kopf und dazu einen zivilen Mantel an oder umgekehrt. Ich kam aus dem Cockpit und sah mir an, was das für Leute waren. Und da kam schon der erste Mann auf mich zu, streckte seine Hand aus und schüttelte meine. Ich konnte seine Worte nicht verstehen, aber sein Blick sagte mir alles. Er war einfach dankbar und sagte etwas wie ›Donke fielmal‹, und er schaute auf das Mehl, das wir brachten, und auf die Crew, als wenn wir wie Engel vom Himmel kämen. Von da an war ich mit den Deutschen warm. Ich wusste, es war das politische System, gegen das wir im Krieg gekämpft hatten, nicht diese Leute. Dieses furchtbare politische System hatte sich ihrer bemächtigt. Aber es war keine Zeit, sie begannen sofort die Maschine zu entladen. Sie wollten das Mehl rausholen. Und hinter dem Zaun, am Rande des Flughafens, war es dasselbe mit den Kindern. Sie wollten Freiheit, sie wussten, was Stalin bedeutete. Hinter der Grenze saßen ihre Onkel und Tanten in Ost-Berlin, und sie kamen über diese künstliche Grenze in Berlin auch, um Zeitungen zu lesen und sich in den Bibliotheken zu informieren. Stalin, die Sowjets, haben ja in ihrem Machtbereich nicht erlaubt, dass etwas gedruckt wird oder erschien, das gegen ihr System sprach. Sie kannten das System im Osten, und sie waren dankbar. Ich habe die ganze Zeit keinen Piloten und kein anderes Besatzungsmitglied getroffen, das sich über unsere Aufgabe beschwert hätte. Und besonders die ehemaligen Bomberbesatzungen fühlten sich gut bei ihrer Aufgabe. Es waren übrigens keine Bomber im Einsatz für die Luftbrücke. Ich erinnere mich dunkel, dass es anfangs Versuche

Eine Douglas C-54 Skymaster In der östlichen Einflugschneise kurz vor der Landung im Frühjahr 1949.

gegeben haben soll, mit solchen Maschinen Kohle über dem Olympiastadion abzuwerfen. Aber die Versuche scheiterten. So wurden nur Transportflugzeuge eingesetzt, wie die C-54 Skymaster, die ich geflogen habe. Wir hatten 455 Maschinen dieses Typs in der Air Force, 225 von ihnen flogen für die Luftbrücke. Ohne die wäre es sehr schwierig geworden, die Masse an Gütern zu transportieren. Aber so hatten wir gute Maschinen und einen guten Flughafen in der Mitte der Stadt. Nur die Rollbahnen waren ein bisschen kurz. Zu Beginn der Luftbrücke bestanden sie aus sogenannten Luftlandeblechen, die miteinander verzahnt waren. Und wenn wir über die Häuser einflogen und uns schnell zu Boden fallen ließen, konnte es schwierig werden, wenn die Bleche feucht waren. Dann musste man sehr vorsichtig bremsen, sonst kam man ins Schleudern. Später dann wurden neue Bahnen gebaut, und wir flogen über den Friedhof zwischen den Häusern ein.«

Und dann kam der Tag, an dem Gail Halvorsen ein Erlebnis hatte, das ihn auf die Idee brachte, die ihn bis heute zu einer der Symbolfiguren der Luftbrücke macht.

»Ich denke, jeder andere hätte es auch getan, wenn er die Idee gehabt hätte. Aber alles begann damit, dass ich glaubte, dass die Luftbrücke bald eingestellt werden könnte, weil Stalin und die Sowjets gemerkt hatten, dass ihre Blockade nicht funktionierte. Und da wollte ich die Gelegenheit nicht versäumen, bevor meine Aufgabe erledigt war, einmal das Brandenburger Tor zu fotografieren. Schon als Schulkind hier auf dem Lande in Utah hatte ich davon gehört. Und ich wollte auch den Reichstag und Hitlers Bunker sehen. All das kannte ich schon aus der Luft vom Anflug auf Tempelhof. Aber wir hatten ja immer nur wenige Minuten Aufenthalt in Berlin. Es gab keine Möglichkeit, in die Stadt zu kommen. Unser General hatte befohlen: ›Wenn der letzte Sack Mehl raus ist, fliegt ihr zurück nach Westdeutschland und holt eine neue Ladung!‹ Also keine Chance für eine Stadtrundfahrt. Wir kamen nicht einmal bis in das Terminal. Selbst die Erfrischungen und der Wetterbericht wurden uns an die Maschinen gebracht. Ich dachte: ›Furchtbar! Wenn jetzt die Luftbrücke eingestellt werden sollte und die schicken mich nach Hause, dann habe ich nicht mal Berlin gesehen.‹ Und wir flogen rund um die Uhr.

Eines Tages kam ich wieder nach Rhein-Main zurück, es war Mittag und ein sonniger Tag. Eigentlich hätte ich jetzt schlafen gehen sollen, sechs Stunden schlafen und dann wieder starten. Aber dann sah ich einen Freund, der sich mit seiner Maschine gerade bereit machte, um mit Trockenkartoffeln nach Berlin zu starten. Ich hatte meine Filmkamera dabei, und weil es ein schöner Tag war, beschloss ich, zum Sightseeing mit ihm nach Berlin zu fliegen. Meine Crew schickte ich ins Bett und flog zurück nach Berlin. Das war kein Problem. Jede Minute kam ja eine Maschine rein, und eine ging raus. Ich brauchte keine Reservierung. In Berlin hatte ich einen Freund, der mir versprochen hatte, wenn ich käme, hätte er für mich einen Jeep mit Fahrer.

Und so war es. Aber erst wollte ich filmen, wie die Maschinen auf Tempelhof landeten. Also ging ich die ganze Strecke vor bis zum Beginn der Landebahn. Da war das Gelände mit Stacheldraht abgesperrt. Dahinter standen Kinder, die sprachen mich sogar auf Englisch an und wollten wissen, wie viele Säcke Mehl ich in die Stadt gebracht hätte. Dann zeigten sie mir ihre Zettel, auf denen sie die Zahl der Maschinen festhielten, die in die Stadt kamen. Es war phantastisch für mich, mit ihnen zu reden. Fast eine Stunde stand ich da und sagte ihnen, dass jetzt im Juli das Wetter gut sei, aber im November würde es Probleme mit dem Nebel und schlechtem Wetter geben, falls dann die Luftbrücke noch notwendig sein sollte. Aber die Kinder waren toll, sie sagten mir, wir sollten einfach durchhalten. Wenn wir ein paar Tage nicht fliegen könnten, sei das schon okay. Wir sollten nur nicht aufgeben! Die Kinder hatten mich verblüfft, diese Kinder wollten lieber ein paar Tage hungern, aber nicht ihre Freiheit verlieren. Diese Kinder, so klein sie auch waren, hatten schon gelernt, was Prinzipien sind. Und was mich außerdem verwunderte – diese Kinder bettelten mich nicht an. Ich kannte das aus Südamerika und anderen Orten während des Krieges. Sobald Kinder dort eine amerikanische Uniform sahen, wollten sie Bonbons, Kaugummi und Schokolade – nicht so diese Kinder in Berlin. Sie hatten bestimmt seit Monaten keine Süßigkeiten mehr gehabt, aber keines von ihnen hinter dem Zaun bettelte, keines war so undankbar, nach Süßigkeiten zu fragen, während wir ihnen Mehl und Trockeneier brachten, damit sie weiter in Freiheit leben konnten. Das hat mich tief beeindruckt! Und deswegen durchsuchte ich meine Taschen und fand zwei Streifen Wrigley's Doublemint Gum darin. Aber vor dem Zaun standen 30 Kinder, und ich befürchtete, sie würden sich darum schlagen. Doch ich wollte ihnen geben, was ich hatte, und diese kleine Entscheidung veränderte mein ganzes Leben. Ich brach die Kaugummistreifen in vier Teile und reichte sie durch den Zaun. Es gab keinen Streit. Die Kinder, die keinen Kaugummi abbekamen, nahmen das Einwickelpapier als Souvenir und rochen daran. Ihre Augen wurden immer größer. Da stand ich, ein Pilot der US Air Force, der alles hatte und gut ernährt war, und sah diesen Kindern zu, die sich allein am Duft des Kaugummis begeistern konnten.

Ich war mittlerweile 24 Stunden auf den Beinen und hundemüde, aber in dem Moment flog gerade eine Maschine über unseren Köpfen ein, und ich hatte die Idee, den Kindern Süßigkeiten quasi per Luftpost zu schicken. Ich schlug ihnen also vor, am nächsten Tag wiederzukommen, und wenn sie versprachen, alles zu teilen, wollte ich beim Anflug Süßigkeiten abwerfen.

Sie antworteten: ›Jawohl, jawohl, jawohl!‹ Aber ein Kind fragte: ›Wie sollen wir dich erkennen? Alle paar Minuten fliegt doch eine Maschine ein?‹ Ich würde mit den Flächen wackeln, bevor ich lande, erklärte ich. Daran sollten sie mich erkennen.

Dann ging es mit dem Jeep zu meiner Tour durch Berlin, ich sah das Brandenburger Tor, den Reichstag und flog zurück. Auf Rhein-Main fragte ich meine Kameraden, ob sie mir ihre Ration Süßigkeiten überlassen würden, denn auch wir Soldaten konnten sie nicht frei einkaufen, sondern nur in Rationen beziehen.

›Was hast du vor?‹, fragte mich einer, ›willst du damit auf den Schwarzmarkt?‹ Ich erklärte es ihm, und er meinte: ›Hast du eine Genehmigung dafür? Andernfalls wirst du Ärger bekommen.‹ Aber trotzdem gab er mir zwei Hände voll Süßigkeiten, sogar Schokolade. Und ich dachte, das alles ist ganz schön schwer. Wenn ich das einfach so abwerfe, kann ein Kind verletzt werden. Das könnte den falschen Eindruck machen. Also nahm ich Handtücher und bastelte Fallschirme aus ihnen. Und als ich dann Tempelhof anflog, sah ich die 30 Kinder, sie hatten keinem andern was erzählt. Ich wackelte mit den Flächen, und mein Flugingenieur öffnete den Schacht im Cockpit hinter meinem Sitz. Der war eigentlich nur als Notausstieg gedacht. Aber auf diesem Weg hielt ich mein Versprechen. Es war ganz einfach. Ich hatte nur Sorge, irgendjemand könnte die Nummer meiner Maschine registrieren und melden, dass ich kleine Fallschirme abwerfe. Und dann sorgte ich mich noch, dass einer der kleinen

Fallschirme vielleicht abtreiben – und auf die Landebahn fallen könnte. Das hätte für die Kinder gefährlich werden können, wenn sie ihnen hinterherstiegen. Ich fuhr also nach der Landung zu ihnen, und sie winkten mir durch den Zaun zu. Mein Co-Pilot dachte, sie würden meinen Namen kennen, aber ich hatte bei unserem ersten Treffen kein Namensschild an meiner Uniform gehabt. ›Das ist gut‹, meinte er, ›das bleibt unser Geheimnis!‹

Aber auch in den nächsten Tagen waren die Kinder wieder da, und es wurden immer mehr. Andere hatten davon gehört. Und als wir die folgende Woche unsere neue Ration Süßigkeiten bekommen hatten, warfen wir sie wieder ab. Drei Wochen machten wir das so. Und dann kamen bergeweise Briefe, adressiert an den ›Schokoladen-Flieger‹ oder an ›Onkel Wackelflügel‹. Da hatten wir ein Problem. Wir haben dann erst mal für zwei Wochen aufgehört, aber die Kinder warteten weiter. Und ich beschloss, wir werfen noch einmal sechs Fallschirme ab. Und als wir zurückkamen nach Rhein-Main, musste ich zu meinem Vorgesetzten. Ich dachte, der schmeißt mich raus, als er mir Zeitungsartikel zeigte, mit Fotos von meiner Maschine, aus der Fallschirme fliegen.

›Sie haben gestern einen deutschen Zeitungsmann in Berlin mit einer Schokoladentafel am Kopf getroffen. Der hat die Geschichte auf der ganzen Welt verbreitet. Und der General hat mich angerufen und wollte wissen, was eine seiner Crews da macht. Aber keine Sorge, er findet gut, was Sie da machen. Fahren Sie fort.‹«

Gail Halvorsen hatte, aus einem Gefühl tiefer Zuneigung zu den Kindern von Berlin, als Einzelner eine Lawine von Sympathie losgetreten, an der, nach heutigen Maßstäben, ganze Stäbe von PR-Beratern wochenlang tüfteln müssten. Er hatte sich und seine Kameraden, die die Luftbrücke aufrechterhielten, regelrecht in die Herzen der Berliner und der Deutschen insgesamt »gebombt«. Es ging nicht mehr nur darum, eine eingeschlossene halbe Stadt mit Tonnen von Lebensmitteln zu versorgen und

Eine Douglas C-54 Skymaster beim Anflug zur nördlichen Landebahn über dem Tempelhofer Damm.

darüber spröde Statistiken zu veröffentlichen. Es ging plötzlich auch um kleine Menschen, die nie Hitler gewählt hatten, Kinder, die nie Werwölfe gewesen sein konnten und als Opfer der Politik Erwachsener mit ihren kindlichen Bedürfnissen ernst genommen wurden. In Anlehnung an das Codewort der US Air Force für die Luftbrücke, »Operation Vittles«, erhielt Halvorsens Initiative den Namen »Operation little Vittles«, eben »kleine« Lebensmittel für »kleine« Leute.

Und »Operation little Vittles« löste unter seinen Kameraden und zu Hause in den USA eine Welle der Sympathie und Unterstützung aus. Radiostationen berichteten über »Operation little Vittles«, Soldaten und Zivilisten schickten Halvorsen Süßigkeiten für die Kinder in Berlin. Und die Kinder selbst? Sie schickten die abgeworfenen Fallschirme zurück, damit er sie frisch beladen, wieder abwerfen konnte. Dazu kam Post von den Kindern.

»Das Ganze bedurfte langsam einer richtigen Organisation. Ich flog meine Einsätze nach Berlin natürlich weiter, aber der Kommandeur auf Rhein-Main stellte zwei deutsche Sekretärinnen ab, die die ganze Post beantworteten. So musste ich nicht auch noch Briefe beantworten, die ich ja nicht einmal lesen konnte. Einige Kinder konnten ja auf Englisch schreiben. Aber die meisten Briefe waren natürlich auf Deutsch.«

War es nicht schwierig, die Süßigkeiten abzuwerfen, während sich die Maschine im schwierigen Landeanflug befand?

»Erst war das kein Problem, weil sich mein Flugingenieur darum kümmern konnte. Aber die Zahl der Kinder, die sich um das Flugfeld versammelten, wurde immer größer. Und wir hatten Angst, dass jemand verletzt werden könnte. Deshalb begannen wir, die Süßigkeiten über der ganzen Stadt abzuwerfen, also bevor wir im direkten Landeanflug waren.

Auch die Kinder aus Ost-Berlin schrieben an mich. Sie baten, dass wir nicht böse sein sollten, aber sie gingen auch nach West-Berlin, um die Süßigkeiten aufzusammeln. ›Wir mögen auch Kaugummi und Schokolade‹, schrieb ein Kind von drüben an mich. ›Aber bei uns gibt es keine! Wir können doch nichts dafür, dass die Grenze so gezogen wurde, aber wir mögen Euch Amerikaner! ‹ Und im letzten Absatz machte das Kind einen Vorschlag: ›Bei uns sind nicht so viele Kinder, die auf Dich warten, wirf doch auch einmal über uns Fallschirme ab!‹

Ich dachte kurz nach und beschloss, es zu tun.«

Auf diese Weise bekamen auch die Kinder in Ost-Berlin ihren Teil des »Candy-Bombers« – aber nicht sehr lange.

»Nach zwei Wochen wurde ich auf Rhein-Main wieder zu meinem Vorgesetzten gerufen. ›Was machen Sie über Ost-Berlin?‹

›Ich werfe für die *communist kids* im Osten Schokolade ab‹, gab ich zur Antwort.

›Aber das können Sie doch nicht tun!‹

›Warum nicht, es sind doch dieselben Kinder – auf beiden Seiten der Grenze. Also, was ist los?‹

›Die Sowjets haben sich beschwert beim Außenministerium in Washington. Sie behaupten, es sei ein kapitalistischer Trick, um die jungen Leute gegen die Sowjets einzunehmen.‹

So musste ich damit aufhören. Wir hätten sonst vielleicht Probleme mit unserem Luftraum bekommen.«

Die Berichte über den Candy-Bomber und seine Fallschirme waren auch sehr bald Thema in den amerikanischen Zeitungen. Eine Geschichte genau, wie sie ein Millionenpublikum liebt. Und eine Welle der Hilfsbereitschaft schlug Gail Halvorsen und seinen Kameraden entgegen. Deutsche und amerikanische Kinder bastelten Fallschirme, und die amerikanische Süßwarenindustrie sorgte für die Ladung.

Die Zahl der Schokoladentafeln und Kaugummipäckchen, die er und die anderen Piloten, die ihm nacheiferten, insgesamt abgeworfen haben, lässt sich nicht annähernd genau schätzen. Aber die Freude bei den Kindern war enorm.

Einer der vielen Briefe, die Berliner Kinder an Gail Halvorsen schrieben, stammte von einem achtjährigen Mädchen, das auf den schönen Namen Mercedes hörte. Ihr Haus stand direkt unter der Einflugschneise von Tempelhof.

Doch von den Fallschirmen des Candy-Bombers bekam sie nur selten einen ab. Die Nachbarskinder schnappten sie ihr vor der Nase weg. Also schrieb sie an Halvorsen und berichtete ihm von ihren Sorgen.

»›Wissen Sie‹, schrieb sie mir, ›wir wohnen ganz nahe am Flughafen, und wenn Sie so tief über unser Haus kommen, erschrecken Sie die Hühner bei uns auf dem Hof. Die legen jetzt deswegen keine Eier mehr. Und das ist schlimm, wegen der Blockade. Achten Sie doch beim nächsten Mal auch auf unseren Hinterhof mit den weißen Hühnern und werfen dort auch mal Süßigkeiten ab.‹

Ich habe bei den nächsten Landeanflügen wirklich nach den weißen Hühnern geschaut, aber ich habe sie nicht gesehen. So habe ich ein großes Paket mit Kaugummi und Süßigkeiten per Post geschickt.«

Aus dem kleinen Briefkontakt entstand in den Siebzigerjahren – als Gail Halvorsen Kommandant auf Tempelhof war – eine jahrzehntelange Freundschaft zwischen beiden Familien.

»Und wir begannen den ›*Airlift of Understanding*‹ – einen regelmäßigen Schüleraustausch zwischen Berlin und meiner Heimatstadt Provo. Das alles begann mit zwei Streifen Kaugummi«, lächelt er nachdenklich.

Da drängt sich die Frage auf, ob sich für das Schulmädchen Mercedes die Einstellung zu den amerikanischen Siegern durch die Luftbrücke geändert hat.

»Durch die Luftbrücke hat sich sehr vieles geändert. Es war nicht nur die Angst vor den Russen. Aber dadurch, dass man wusste, dass durch die Amerikaner und die anderen Alliierten Nahrungsmittel eingeflogen werden – nicht nur Schokolade –, dadurch hat sich in den Köpfen sehr viel geändert. Denn sie waren ja im Grunde bis dahin eine Besatzungsmacht gewesen.«

Aus den Besatzungsmächten wurde dann die »Schutzmächte«.

»Das war aber der Sprachgebrauch der Politiker. Bei uns kam das erst in den Siebzigerjahren mit dem Berlin-Abkommen auf. Zu Zeiten der Luftbrücke wurde das Wort noch nicht gebraucht. Aber das positive Verhältnis zu den Amerikanern begann mit der Luftbrücke. Ich bin danach in das Amerika-Haus gegangen, habe mir Filme angesehen und bewusst Englisch gelernt. 1952 habe ich dann Kontakt zu einer amerikanischen Brieffreundin aufgenommen.«

Aber erst 1978 ist sie das erste Mal in die USA gereist.

»Das war ja auch nicht einfach mit drei Gören. Wir hätten es uns nicht leisten können, wenn wir nicht großzügige Unterstützung von Familie Halvorsen gehabt hätten. Trotzdem war es das erste Mal, dass wir uns finanziell übernommen haben«, lacht sie.

Was verbindet Mercedes Wild heute mit Tempelhof?

»Mich verbindet, dass mein zweiter Sohn, der hier aufgewachsen ist, morgens um halb sechs aufstand, ›huhu‹ rief, und

Richtung Osten zeigte. Da liefen auf dem Flughafen die Maschinen warm. Er hat das schon eher gehört, als ich es wahrgenommen habe. Das verbindet mich zum Beispiel mit Tempelhof. Das war 1971, da war er ein Jahr alt. Das erste Wort, das er sprach, war ›Flugzeug‹.

Aber obwohl wir immer hier in der Einflugschneise lebten, war es nie belastend. Es würde etwas fehlen, wenn er geschlossen würde. Die Autos vor der Tür sind schlimmer!«

Mercedes Wild und ihre Familie haben die Jahrzehnte bis zum Ende der Teilung der Stadt über immer ein positives Verhältnis zu den »Schutzmächten«, wie sie genannt wurden, bewahrt und sich für das deutsch-amerikanische Verhältnis engagiert. Umso erstaunlicher ist es, mit welchen Gefühlen sie sich an deren Abzug erinnert.

»Obwohl ich mich für die amerikanische Kultur interessiert habe, wir Englisch in der Schule als Pflichtfach hatten und ich eine amerikanische Brieffreundin hatte, war es doch irgendwie eine Besatzung. Die Ausflüge mit der Familie endeten an der Mauer, und da fuhren die alliierten Patrouillen. Es war immer irgendwie ein Besatzungsstatus, wenn es auch ein sehr freundliches Verhältnis war. Und auch die Militärparaden erinnerten uns daran. Auch wenn man stolz darauf war, einen amerikanischen Freund zu haben. Aber es war nicht so ein Verhältnis, wie, sagen wir, zu einem Schweizer. Die Schweiz war ein Urlaubsland. Es war ein zwiespältiges Gefühl. Auch dadurch, dass wir auf einer Insel lebten.«

Abschließend seien an dieser Stelle noch einige kurze Bemerkungen zum Thema Luftbrücke gestattet.

Die Luftbrücke war neben der Versorgung vor allem ein Symbol für die Bereitschaft des Westens, dem sowjetischen Vordringen Einhalt zu gebieten, und ein für jedermann sichtbares Zeichen, denn die pausenlos landenden und startenden Maschinen bevölkerten den Himmel über Berlin und zeigten, was möglich war, über welche Technik die Westmächte verfügten und mit welcher Präzision sie diese Leistungen vollbrachten.

Angemerkt werden muss aber, dass das Bild der »belagerten Festung West Berlin« zwar bis heute sehr eingängig ist, die tatsächlichen Verhältnisse sich aber doch ein wenig anders darstellten. Ohne die Leistung der Flugzeugführer und ihrer Besatzungen verkleinern und ohne den Widerstandswillen der West-Berliner schmälern zu wollen, sei darauf verwiesen, dass es lebhaften Handel mit Lebensmitteln und Verkehr mit Wirtschaftsgütern zwischen Ost und West sowohl auf der persönlichen Seite wie der von Betrieben und Handelsunternehmen gab. Dic westlichen Alliierten hatten gegen die sowjetische Blockade eine Gegenblockade verkündet und jeden Handel mit Betrieben und Einrichtungen im Ostteil der Stadt verboten. Aber gerade dieser Handel erfuhr – dank der Findigkeit der Beteiligten – enorme Steigerungsraten. So charterten Unternehmer im Westen und Unternehmungen im Osten ausländische Firmen, vor allem solche aus der Tschechoslowakei, die nicht Blockadeauflagen unterlagen, tauschten mit ihrer Hilfe Güter aus und brachten so Waren und Lebensmittel nach Berlin. Auch andere Wege wurden gesucht und gefunden, sie beschäftigten die Behörden in West wie in Ost, aber eingedämmt werden konnten sie nicht. Letztendlich waren sie – trotz ihrer Bedeutung für die Versorgung der Teilstadt – politisch bedeutungslos, denn diesen Kampf um West Berlin verlor der Osten psychologisch und in der öffentlichen Meinung der Welt. Verwiesen sei nur auf den am 25. Juni 1950 begonnenen Koreakrieg, der, zeitlich versetzt, weltpolitisch im engen Zusammenhang mit den Ereignissen der Luftbrücke stand. Das, was die sowjetische Politik in Europa verloren hatte, wollte sie in Asien wettmachen. Letztendlich verlor sie auch dort, auch wenn es zunächst nur um die Bewahrung des Erreichten ging.

Der 12. Mai 1949 ist dann der erlösende Tag. Die Sowjetunion beendet die Blockade. Züge, Busse und Lkws mit Personen und Gütern können wieder ungehindert von und nach West-Berlin fahren. Doch die Rosinenbomber fliegen zunächst weiter. »Operation Vittles« endet offiziell erst am 6. Oktober.

Grund dafür war zum einen ein Misstrauen gegenüber der Sowjetunion, zum anderen sollten in West-Berlin Reserven angelegt werden, falls es erneut zu einer Blockade kam. Die sogenannte ›Senatsreserve‹ wurde erst nach dem Fall der Mauer aufgelöst. Ironie der Geschichte: Ein Großteil dieser Reserven, die zum Schutz vor einer erneuten sowjetischen Blockade angelegt worden waren, gingen nun als humanitäre Hilfe an die inzwischen notleidende Sowjetunion!

Im Juni 1949 wird zum Gedenken an die Opfer der Luftbrücke der Platz vor dem Flughafengebäude in »Platz der Luftbrücke« umbenannt. Zwei Jahre später folgt ein Denkmal von Eduard Ludwig zur Würdigung der Hilfsaktion. Wegen seiner eigenartigen Gestalt wird es von Berlinern in Erinnerung an diese Monate »Hungerkralle« genannt.

Von den Veteranen der Luftbrücke, den Piloten und ihren Besatzungen, leben heute nur noch wenige.

Gail Halvorsen, der wohl bekannteste unter ihnen, starb 2022 im Alter von 101 Jahren in seiner Heimatstadt Provo in Utah.

Das Tor zur Welt

Kalte-Kriegs-Routine: Der »Insulaner« fliegt über Tempelhof

Mit dem Ende der Blockade begannen auf Tempelhof die Jahre der Kalten-Kriegs-Routine. Auch wenn es bei Berlin-Ultimaten oder dem Mauerbau – aus der Sicht der Zeitgenossen – gefährlich für den Westteil der Stadt aussah, konnten die »Insulaner«, wie sie sich damals stolz nannten, in der Rückschau sagen: Immer alles gutgegangen!

Aus dem »Nabel der Stadt« wurde nun das »Tor zur Welt« – und das nicht nur für die West-Berliner.

Das war nicht nur politisch, das war auch kommerziell interessant und ein sicheres Geschäft für die Fluglinien der drei Alliierten. Nur American Overseas Airlines, später Pan Am, die Britisch European Airways und Air France durften West-Berlin überhaupt anfliegen. Andere Konkurrenten waren ausgeschlossen. Und wer, aus welchen Gründen auch immer, West-Berlin auf dem Luftweg erreichen oder auf diesem Wege verlassen wollte oder musste, landete oder startete in Tempelhof. Seit 1950 flogen die Alliierten-Linien ausschließlich diesen Berliner Flughafen an. Die Fluggastzahlen sprechen da eine deutliche Sprache. Waren es 1948 nur rund 21 000 Passagiere, die über Tempelhof flogen, waren es ein Jahr später schon doppelt so viele: 42 000 Passagiere, 1950 waren es schon 110 000, 1952 483 000 und 1953, im Jahr des Juni-Aufstandes, sogar 833 000 Passagiere. Vier Jahre später werden erstmals mehr als 1 Million Passagiere auf Tempelhof abgefertigt. 1961, im Jahr des Mauerbaus, sind es fast 1,6 Millionen, die über Tempelhof und Tegel ein- und ausfliegen. 1971 ist dann das Rekordjahr: 6,1 Millionen Passagiere nutzten die beiden Flughäfen. 5,5 Millionen davon werden über Tempelhof abgefertigt. Erst mit dem 1972 folgenden deutsch-deutschen Transitabkommen fällt die Kurve steil nach unten. Trotzdem

Der neu errichtete Vorbau als Eingang zur provisorischen Abfertigungshalle für den zivilen Flugverkehr, der ab Sommer 1951 wieder möglich wurde. Eine der letzten Aufnahmen von Alexander Stöcker vom Flughafen Tempelhof.

sind es 1974 aber auch noch fast 4,8 Millionen Passagiere. Doch Tempelhof verliert seine einst führende Stellung unter den deutschen Flughäfen. Der Frankfurter RheinMain-Flughafen tritt an seine Stelle.

Von Anbeginn des wiedererwachenden zivilen Luftverkehrs muss die neu gegründete Berliner Flughafengesellschaft auf die steigenden Passagierzahlen reagieren. 1950 und noch einmal 1959 räumt die US-Luftwaffe Teile des Flughafens und gibt sie für die zivile Nutzung frei. Musste für die Passagiere 1950 noch ein kleiner Abfertigungsbereich extra installiert werden, kann seit 1962 die große Halle erstmals für ihren eigentlichen Zweck genutzt werden. Fast ein Vierteljahrhundert ist seit ihrer Fertigstellung im Rohbau bis dahin vergangen. Die Dimensionen der Sagebiel'schen Anlage zeigen sich nun der Öffentlichkeit; die Abfertigungshalle ist zu diesem Zeitpunkt die größte aller deutschen Flughäfen. Die Kapazitäten sind darauf ausgelegt, dass 3 Millionen Fluggäste jährlich abgefertigt werden können. Diese Zahl wird sehr bald überschritten. Mit dem Ausbau der Abfertigungshallen wird auch das Flugfeld repariert und saniert. Zwei der drei vorhandenen Startbahnen werden auf 2116 beziehungsweise 2093 Meter verlängert. Die mittlere Bahn wird 1957/58 entfernt. Weitere Gebäudeteile werden renoviert und ergänzt. Der gesamte Belag des Vorfeldes musste ersetzt werden, da er der Last der modernen Maschinen nicht mehr gewachsen war.

Vor allem die Flugzeughallen erweisen sich für die Wartung der Maschinen als bedeutsam. In ihnen werden auch der Zoll und die Frachtabfertigung untergebracht. Die Luftfracht bleibt in all den Jahren wesentliches Standbein des Verkehrs, man rechnet immer noch mit Einschnitten oder Beschränkungen des Verkehrs auf den Landwegen. Außerdem stellte die Luftfracht die einzig unkontrollierbare Beförderung dar. Denn schon im Sommer 1950 hatten die Sowjets damit begonnen, die Ausfuhr von Waren aus West-Berlin zu erschweren. Die Wirtschaft West-Berlins wäre hart getroffen worden, wenn nicht auch in diesem Fall die Hilfe aus der Luft gekommen wäre. Ging es bei der Luftbrücke 1948/49 darum, Lebensmittel in die Stadt zu fliegen, war das Ziel der »kommerziellen Luftbrücke«, die Produkte der West-Berliner Wirtschaft auf die westlichen Märkte zu bringen. Und diese »Luftbrücke« funktionierte – ohne große Schlagzeilen und ohne »Candy-Bomber«, bis in die 60er-Jahre, dank hoher Subventionen. Denn die Differenz zwischen den Kosten eines konventionellen Frachttransports über Land und denen durch die Luft trug der Senat – und damit der westdeutsche Steuerzahler. Für diese Cargo-Transporte waren im Übrigen auch andere Fluggesellschaften zugelassen. Teilweise müssen es abenteuerliche Unternehmen gewesen sein, die lediglich aus einer Besatzung und einer Maschine bestanden. Aber das soll hier nur eine Randnotiz in der Geschichte des Flughafens Tempelhof sein.

Pioniere der anderen Art: Als deutsche Stewardess bei der BEA

Im Mittelpunkt des Interesses damals wie heute steht der Personenverkehr. Mit der wachsenden Zahl der Passagiere und steigenden Flugzahlen sahen sich die Fluglinien schon Anfang der fünfziger Jahre gezwungen, auf deutsches Personal zurückzugreifen – zumindest im Bereich des Bodenpersonals und bei den Stewardessen.

Brigitte Siegert gehörte zu den ersten deutschen Frauen, die nach dem Krieg bei einer ausländischen Luftfahrtgesellschaft einen Job als Stewardess bekam. Bevor sie in die Luft ging, hatte sie, mit beiden Beinen fest auf dem Boden, eine abenteuerliche Rückkehr nach Deutschland überlebt. Denn als Tochter eines deutschen Kaufmanns hatte sie zehn Jahre in China verbracht, wo sie bei Ende des Krieges von der Roten Armee gefangen genommen worden war. 1949 kam sie endlich in ihre Heimatstadt Berlin zurück.

»Es war ja alles kaputt. Musik studieren, wie ich anfangs wollte, ging da nicht. Wir standen da mit einem Köfferchen, hatten ja alles verloren. Dann wollte ich Auslandskorrespondentin werden und hatte ein Angebot, nach Tokio zu kommen, aber ich musste meine Mutter unterstützen. Aber dann erzählte mir eines Tages eine Freundin, dass sie im *Tagesspiegel* eine Anzeige gelesen hätte. Eine Fluggesellschaft suche Stewardessen, die Fremdsprachen beherrschten. Und das konnte ich wirklich. Ich habe mich erst nicht getraut, denn da waren ja viele, die Fremdsprachen konnten in Berlin und arbeitslos waren. Aber sie hat mir Mut gemacht, und als Referenz schrieb ich einen katholischen Bischof in New York und einen Jesuitenpater in Tokio an, die ich beide noch aus Fernost kannte. Zweieinhalbtausend Bewerberinnen gab es auf die Anzeige, unter den ersten 200 war ich dann und wurde zur Vorstellung eingeladen. Ich kam mir ganz simpel vor, die anderen Mitbewerberinnen sahen mit Make-up so gut aus, und ich dachte mir: Na, dann machst du einfach

Das Hallenrund. Unter die 40 Meter weit auskragende Stahlkonstruktion, die völlig ohne Stützen auskommt, können selbst moderne Mittelstreckenflugzeuge rollen. Foto: 1952.

mit! Beim Vorstellungsgespräch saßen die ganzen Bosse von der BEA da und ich auf einem kleinen Bewerberstühlchen vor ihnen. Und ein jeder befragte mich. Dann wurde man entlassen, und die nächste Bewerberin erschien. Vor der Tür hieß es dann schon, die oder die kann gehen. Aber ich wurde nicht aufgerufen. Dann kam die ärztliche Untersuchung, und wer die passiere, wird wahrscheinlich angenommen, hieß es. Und da mein Mann Arzt war, habe ich dem gelassen entgegengesehen. Dann waren wir noch 16, wurden nach London geschickt und besuchten dort einen Kursus zusammen mit englischen Stewardessen. Das war ganz militärisch, und dann hieß es, wir seien angenommen und sollten unseren Dienst aufnehmen. Am 1. Mai 1951 fing ich mit meinen Kolleginnen an. Da war ich 26 Jahre alt. Das Alter war vorgeschrieben. Wir sollten nicht jünger als 25 und nicht älter als 29 sein. Und wir Bewerberinnen durften nicht größer sein als 1,65, denn die Maschinen waren ja damals relativ niedrig. Aber es war nicht Bedingung, dass man ledig war. Ich bin von vielen Passagieren angesprochen worden, wenn sie meinen Verlobungs- und später meinen Ehering sahen, ob ich den als Tarnung trage. Aber es war wirklich so. Zuerst flogen wir von Gatow ab, dem Flugplatz in der britischen Zone. Nach vier oder sechs Wochen zogen wir dann nach Tempelhof zu unserer neuen Basis. Ich glaube, die Pan Am war noch vor uns dort, aber dann kamen wir. Das erste Gehalt betrug 360 Mark, da waren aber schon 100 Mark Gefahrenzulage drin. Das war für mich der Job, denn mein Mann war damals noch als Arzt Pflichtassistent im Krankenhaus und bekam 75 Mark. Da war ich natürlich Großverdiener in der Familie. Und ich kriegte noch Spesen. Für das Frühstück vier, für das Mittagessen fünf, für den Kaffee zwei und abends noch mal vier Mark. Das habe ich mir natürlich gespart. Er hatte nichts, ich hatte nichts – irgendwoher musste das Geld ja kommen. Ich war happy. Eine Stunde vor Abflug musste man da sein, hat geschaut, ob alles in Ordnung ist, und dann ging es los.

Für mich war das Wichtigste, dass ich rauskam und eine Zukunft hatte. Ich flog mit der BEA Hamburg, München und Düsseldorf an. Wenn wir die kurzen Strecken hatten, sind wir zweimal nach Hannover und zweimal nach Hamburg geflogen.

Nach München oder Düsseldorf war der Dienstplan so eingeteilt, dass wir dort übernachteten. Wir waren auch als Crew in relativ guten Hotels untergebracht. Der Kapitän hat in Hamburg natürlich im Atlantic übernachtet. Aber wir waren zumindest in einer sehr guten Hotelpension untergebracht. Es war klein und fein und kein Massenbetrieb. Und wenn man dann zurückkam, standen wieder Hamburg und Hannover auf dem Dienstplan. Dann hatte man Pause und war standby. Wir 16 deutsche Stewardessen haben uns ganz toll verstanden. Das war ein Teamgeist, da gab es kein Gemecker und keine Rivalitäten. Auch wenn ich irgendwann sagte: ›Wir laufen nach Hannover.‹ Denn als Stewardess war man natürlich dauernd auf den Beinen. Die Maschinen flogen ja noch langsamer als heute. Eine Stunde 15 nach Hamburg, zweieinhalb Stunden nach Düsseldorf – so ungefähr war das Tempo.

Seit Anfang der Fünfziger keine Seltenheit mehr: deutsche Stewardessen bei den British European Airways.

Und auf den Flügen war ich die einzige Stewardess. Später, auf den größeren Maschinen, waren wir zu zweit. Aber ich war begeistert von der DC-3, auch wenn ich dann mal erlebt habe, dass das Fahrgestell beim Anflug nicht rausgekommen ist. Da stand unten auf Tempelhof die Feuerwehr, und ich sage zum Kapitän: ›Was ist denn jetzt los?‹ Und er sagt: ›Ich kriege das Fahrgestell nicht raus. Sagen Sie den Passagieren, sie sollen sich ruhig verhalten. Und ich schaute aus dem Fenster und sah die Feuerwehr. Die wollten gerade den Schaumteppich legen. Das war aber glücklicherweise nicht nötig, denn vom Boden aus war zu sehen, dass das Fahrwerk ausgefahren war. Nur die Anzeige im Cockpit war defekt. Aber das sind so Minuten an Bord, die man nicht vergisst. Ein anderes Mal sind wir von Tempelhof nach Hamburg geflogen. Es war August und strahlender Sonnenschein. Plötzlich setzte einer der beiden Motoren aus, die Maschine war mit 28 Passagieren voll besetzt. Der erste Passagier, dem der defekte Motor auffiel, rief mich besorgt. Mir rutschte das Herz in die Hose, als ich nach draußen schaute, und beruhigte dann den Mann mit den Worten: ›Ach, das macht gar nichts. Wir kommen auch mit einem Motor glatt an. Da brauchen Sie keine Sorge zu haben.‹ Wir sind dann auch gut gelandet. Die DC-3 war schon ein ganz robustes Ding. Irgendwo auf der Welt fliegt sie ja heute noch. Hinten in der Maschine hatten wir eine kleine Pantry. Das war ein Tisch mit zwei Schubfächern, da habe ich dann den Nescafé angerührt. Dann gab es noch ein paar belegte Brote, die wurden fertig verpackt angeliefert, und sonst nichts. Und eine Bar hatten wir mit Champagner. Das war es dann aber auch.«

1951, als Brigitte Siegert Stewardess wurde, war ihr Beruf noch ein Traumberuf für junge Frauen.

»Aber wie, man wurde ja begafft, wenn man in Uniform das Haus verließ, um zum Dienst zu gehen. Auf dem Kurfürstendamm gab es ein Fotogeschäft, da waren Riesenfotos von uns aufgehängt. Und die Leute standen davor und diskutierten, wer von uns denn netter aussähe. Ich stand mal dahinter und habe mir das angehört. Es war köstlich! Dabei waren wir ja nichts anderes als bessere Kellnerinnen. Aber Stewardess zu werden war damals gefragt.«

Und es gab das Klischee, dass alle Stewardessen darauf aus wären, einen Millionär zu heiraten. Was ist denn aus ihren Kolleginnen geworden?

»Die meisten haben ganz normale Männer geheiratet. Eine hat einen Passagier zum Mann genommen, zwei sind nach Amerika gegangen, eine nach England, eine hat später in einem Reisebüro angefangen. Ob und wie wir uns mit Passagieren verabredeten, blieb Privatsache. Da hat uns die Fluggesellschaft keine Vorschriften gemacht. Wir konnten machen, was wir wollten. Ich hatte mal einen sehr netten Passagier, der Abgeordneter im Londoner Parlament war. Den habe ich während meiner Ausbildung in England kennengelernt. Und er hatte mich ins Parlament eingeladen. Die Einladung habe ich angenommen, mir die Debatte im Parlament angehört, aber das war es dann auch. Strenge Regeln gab es nur für unser Auftreten als Stewardess. Unsere Haare durften nur bis zum Kragen reichen, und zur Uniform mussten wir schwarze Schuhe und eine schwarze Handtasche tragen, die wir selbst besorgen mussten.«

Das Thema Stewardessen auf Männersuche war dem seriösen Berliner *Tagesspiegel* im März 1953 sogar eine Geschichte wert. Brigitte Siegert und eine Kollegin kommen darin zu Wort und nutzen die Gelegenheit, mit den damaligen Vorurteilen aufzuräumen.

»›Die Leute starren immer so, wenn man an Land ist, … und es ist peinlich, wenn sie fragen, ob man von der Polizei, der Heilsarmee oder der neuen Wehrmacht ist.‹ Die Aufmerksamkeit, die sie erregen, wird von allen Mädchen so unangenehm empfunden, dass sie zum Beispiel nicht mehr ins Flughafenrestaurant essen gehen … Doch obwohl sie alle dieses oder jenes auszusetzen haben, über den Mangel an Privatleben klagen, über schlechtes Wetter und lange Wartezeiten – alle Stewardessen machen mehr Handarbeiten, als man sich vorstellen kann –, sind sie doch mit ihrem Beruf zufrieden.«

Würde sie sich denn als junge Frau heute wieder entscheiden, als Stewardess anzufangen, wie damals Anfang der Fünfzigerjahre?

»Ja, sofort. Ich bin gerne mit Menschen zusammen. Und ich muss sagen, so unter Menschen zu sein wie damals bei der BEA, das habe ich später mit drei Kindern zu Hause manchmal vermisst. Es war eine schöne Zeit, und ich möchte sie nicht missen. Es war ein einfacher und schöner Job.«

Wenn auch die jungen Frauen am Boden bestaunt wurden, so war ihr Dienst in der Luft streng reglementiert.

»Der Kapitän an Bord war grundsätzlich ein Engländer, dem wir auch Meldung machen mussten. Soundso viele Passagiere sind an Bord, alle sind angeschnallt, alles ist startbereit. Und die Meldung endete mit einem formellen ›Sir!‹. Und wir Stewardessen durften nach der Landung erst nach dem Kapitän die Maschine verlassen. Ich habe einmal die Dummheit begangen, einem Passagier gleich nach der Landung den Weg zu weisen. Da bekam ich aber vom Kapitän etwas zu hören. ›Wissen Sie nicht, dass ich zuerst von Bord zu gehen habe?‹, fragte er, als ich wieder zur Maschine kam, und hat sich bei meiner englischen Chefin über mich beschwert. Das hat mich maßlos aufgeregt. Schließlich musste ich mich doch um meine Passagiere kümmern. Der Kapitän war sehr scharf, andere Kollegen dagegen waren reizend.

Übrigens durften wir deutschen Stewardessen nur auf den deutschen Strecken fliegen. Innerhalb Englands wurden wir nicht eingesetzt. Da war die englische Gewerkschaft dagegen. Die hatten vielleicht Angst vor der Konkurrenz. Denn wir waren unter unseren Passagieren sehr beliebt und gaben uns natürlich enorme Mühe. Wir wollten unseren neuen Job schließlich behalten. Dann gab es auch noch die VIP's, die *very important persons,* die waren extra auf den Passagierlisten vermerkt. Ich habe da aber keine Unterschiede gemacht. Alle hatten für den Flug bezahlt und wurden von mir gleich freundlich behandelt. Auch wenn einer von den VIP's meinte, er könne machen, was er wolle. Zum Beispiel Zigarre rauchen während des Fluges war streng verboten. Und während des Starts oder der Landung durfte auch keine Zigarette geraucht werden. Und wenn dann ein VIP meinte, er könne sich über die Anweisung hinwegsetzen, bloß weil er VIP war, habe ich ihm freundlich klargemacht, dass diese Anweisungen auch für ihn gelten.«

Viele prominente Gäste hat Brigitte Siegert auf ihren ungezählten Flügen zwischen Tempelhof und Westdeutschland betreut.

»Ernst Reuter, der Regierende Bürgermeister, ist sehr oft mit uns geflogen, und auch der Chef von Volkswagen, Winter, flog oft mit uns. Jedes Weihnachten kam von ihm eine große Schachtel mit Konfekt. Schauspieler wie Nadja Tiller und ihr Mann Walter Giller oder Lilian Harvey, die schon vor dem Krieg ein Ufa-Star war, waren ebenfalls oft an Bord. Und manche waren ja schon Stammgäste. Mit denen haben wir uns sogar mit Namen begrüßt. Damals war die ganze Fliegerei eben noch etwas familiärer. Es war nicht ganz billig. Ein Flug von Tempelhof nach

Der Regierende Bürgermeister Ernst Reuter und General Mathewson bei der feierlichen Übergabe des zivilen Teils des Flughafens an Berlin, Juli 1951.

Hamburg kostete rund 100 Mark. Das war viel Geld Anfang der 50er-Jahre. Aber als Angestellte konnte ich damals für 10 Prozent fliegen. Und mein Mann durfte das auch. Das war natürlich ein Klacks, und das Angebot haben wir öfters mal wahrgenommen.«

In diesen Jahren als Stewardess hatte Brigitte Siegert ein besonderes Verhältnis zu Tempelhof.

»Man kannte beinahe jeden auf dem Flughafen. Wenn mich mein Mann damals mit unserem Langhaardackel abgeholt hat, dann wurde er von allen begrüßt. Es war eine sehr familiäre Atmosphäre.«

Die »Frontstadt« als Durchgangsstation: DDR-Flüchtlinge auf dem Weg in den Westen

Unter den Passagieren gab es vor dem Mauerbau aber auch solche, die oft zum ersten Mal flogen und einen besonderen Grund hatten, nicht auf dem Landweg von West-Berlin in die Bundesrepublik zu reisen: Flüchtlinge aus der DDR und Ost-Berlin, die über die noch offene Grenze nach West-Berlin gekommen waren. Sie wurden über Tempelhof ausgeflogen.

»Man kann die Flüchtlinge sicher nicht pauschalisieren«, erinnert sich die ehemalige Stewardess Brigitte Siegert, »aber sie wirkten alle ziemlich grau. Man hat sich um sie gekümmert und sich auch mal ein bisschen mit ihnen unterhalten, aber groß nachgefragt habe ich nicht. Man traute sich auch nicht. Ich dachte, es könnte ihnen unangenehm sein, ich wollte nicht neugierig erscheinen. Viele von ihnen flogen das erste Mal und hatten Angst, aber wenn man ihnen erklärt hat, wie alles abläuft, dann gab es keine Probleme.«

Die »Zonenflüchtlinge« tragen in ihrer großen Zahl bis zum Bau der Mauer, 1961, gewaltig zum »Erfolg« von Tempelhof bei. Pauschal lässt sich sagen: Immer wenn in der DDR der politische Druck zunimmt, wie 1953 vor dem Arbeiteraufstand vom 17. Juni 1953, oder es im Ostblock zu Krisen kommt, wie in Ungarn 1956, steigt die Zahl der Flüchtlinge dramatisch. Und viele suchen den Weg nach Westen über West-Berlin. Für die meisten aber ist die »Frontstadt« nur Durchgangsstation. Zum einen kann West-Berlin alle Flüchtlinge gar nicht aufnehmen, zum anderen wollen viele auch nach West-Deutschland oder werden über einen bürokratischen Schlüssel auf die einzelnen Bundesländer verteilt. Die aber können ihre neue Heimat unmöglich auf dem Landweg erreichen. Sie werden ausgeflogen – über Tempelhof. Oft bleibt kein Sitzplatz in den Linienmaschinen frei, wenn der Andrang der Flüchtlinge wieder einmal groß ist. Und übersteigt er das Angebot der freien Plätze, werden Chartermaschinen eingesetzt. Oder die US Air Force hilft mit

Flüchtlinge aus der DDR zur Weiterreise in die Bundesrepublik. Ihr Weg führte zwangsläufig über Tempelhof. Foto: 1952.

ihren Truppentransportern aus. Dieses »Ausgeflogenwerden« ist für viele – neben der geglückten Flucht – eines der aufregendsten Erlebnisse ihres Lebens. Für viele ist es überhaupt der erste Flug.

Auch für Günther Wolf war es spannend, ausgeflogen zu werden. Nur sein erster Flug war es bei Weitem nicht.

Günther Wolf ist nur knapp zwei Monate jünger als der Flughafen Tempelhof. Im Krieg war er von 1941 bis Kriegsende Luftwaffenoffizier und gehörte zu den Nachtjägern, die die immer größer werdende Zahl von Alliierten-Bombern über dem Deutschen Reich bekämpfen sollten. Ein Himmelfahrtskommando, das viele seiner Kameraden mit dem Leben bezahlen mussten. Günther Wolf hatte Glück, obwohl er viermal abgeschossen wurde, hat er den Krieg überlebt, und auch die Jahre in der britischen Kriegsgefangenschaft waren weit weniger schlimm als die, die andere deutsche Soldaten, zum Beispiel in sowjetischen Lagern, erdulden mussten, erinnert er sich. Hart wurde es für

Das Büro der Pan Am während der Viermächtekonferenz 1954 in Berlin.

den gebürtigen Sachsen erst, als er in seine Heimat zurückkehrte. Wegen angeblicher Spionage für den französischen Geheimdienst wurde er 1948 von einem sowjetischen Tribunal in Potsdam zu 25 Jahren Haft verurteilt. Das war in diesen Jahren ein durchaus übliches Strafmaß, doch für den jungen Flieger begann damit eine Zeit, an die er sich auch heute nur ungern erinnert. Die Jahre in Bautzen und dann in Brandenburg-Görden sind unvergessen.

Hier wurde dem Häftling Wolf im September 1956 plötzlich und – für ihn vollkommen unerwartet – mitgeteilt, dass er sich als nützliches Mitglied in die neu entstandene sozialistische Gesellschaft der DDR im Aufbau einordnen sollte. Doch nach einem kurzen Besuch bei seinen Eltern in Sachsen machte sich Günther Wolf auf den Weg nach West-Berlin. Freunde nahmen ihn während der Zeit auf, in der er das Notaufnahmelager in Marienfelde durchlaufen musste.

»Wer DDR-Flüchtling war, meldete sich, wie ich, in West-Berlin in diesem Notaufnahmelager. Hier wurde ich dann – wie alle anderen Flüchtlinge auch – von der amerikanischen CIA, dem britischen MI5 und dann vom Deuxième Bureau der Franzosen befragt. Und die haben sich halbtot gelacht, als ich ihnen erzählte, dass ich für sie spioniert haben sollte. Und dann meldete ich mich noch bei einer Gruppe, die nannten sich ›freiheitliche Juristen‹. Und da war ich dann sehr erstaunt, was die alles über mich wussten. Sie hatten eine Karteikarte über mich angelegt, und auf der klebte ein Passbild von mir, das im Zuchthaus Brandenburg von einem Volkspolizisten für die Verbrecherkartei gemacht worden war. Sie hatten sogar Berichte von Mitgefangenen, wie ich mich in der Haft verhalten habe. Die wussten alles! Aber das Urteil meiner Mitgefangenen über mich war einwandfrei. Und dann wurde wiederum ich über Mitgefangene befragt, gab Auskunft über meine Haftbedingungen und bekam eine Bescheinigung über meine Haftzeit ausgestellt. Das war sozusagen mein Persilschein.

Und kurz darauf waren dann auch alle Formalitäten in Marienfelde erledigt, und ich sollte nach Westdeutschland ausgeflogen werden.

An diesem Morgen habe ich mich bei meinen Freunden, die mich untergebracht hatten, verabschiedet und bin nach Tempelhof gefahren. Es war schon komisch. Dieser Flughafen war ja schon von klein auf für mich etwas ganz Besonderes gewesen. Denn gerade in der Zeit des Dritten Reichs war ja der ›Zentralflughafen Tempelhof‹ der am meisten erwähnte Flughafen Deutschlands. Und ich war noch nicht ganz trocken hinter den Ohren, da wollte ich schon Flieger werden. Meine ganzen Vorfahren väterlicherseits waren Bergleute, aber mich interessierte nur alles, was in der Luft passierte. Das war mein Ziel. Schon über dem Eingang meiner Volksschule stand: ›Wer kein Ziel hat, ist immer pfadlos.‹ Damals habe ich es jeden Morgen gelesen, begriffen habe ich es erst später. Aber ich wusste, wo ich hinwollte, und habe es geschafft.«

Aber begonnen hat der lange Weg in Tempelhof.

»Ich habe mir an diesem Tag sogar eine Taxe nach Tempelhof geleistet, und dort traf ich auf eine Gruppe anderer Flüchtlinge, die ebenfalls an diesem Tag ausgeflogen werden sollten. So etwa 15 Männer und Frauen. Ich bekam mein Ticket und hatte einen festen Plan. Ich wollte während des Fluges auf jeden Fall das Cockpit sehen!«

Günther Wolf war an diesem Tag zu sehr mit anderen Dingen beschäftigt, als dass er sich für den Flughafen groß interessieren konnte.

»Was mich aber frappierte, war der Moment, als ich auf das Vorfeld trat, das riesige Halbrund des Gebäudes und das Dach, unter das die Maschinen rollen können, sah. Und den Typ Flugzeug, der auf uns wartete, kannte ich noch gar nicht. Das war eine DC-4, und es war überhaupt erst das zweite Mal in meinem Leben, dass ich in ein Passagierflugzeug gestiegen bin. Das erste Mal war es ein Rundflug über Dresden gewesen, den ich als Junge meinem Vater zum Vatertag geschenkt hatte. 10 Mark kostete der Spaß, und wir sind mit einer alten Messerschmitt 23, einem Hochdecker, gestartet. Inzwischen waren ja viele Jahre vergangen – zwischen der Messerschmitt und der DC-4 lagen natürlich Welten. Und dann habe ich mir ein Fensterplätzchen gesucht, die regulären Passagiere saßen bereits, und habe sehr interessiert beobachtet, wie der Pilot seine Motoren angelassen hat.«

Die Entlassung aus der Haft und der Flug in den Westen, das war für Günther Wolf, wie er sagt, der Beginn seines zweiten Lebens.

»Als die Maschine gestartet war, habe ich der Stewardess erklärt, dass ich Flieger sei, und sie gebeten, ob ich mal ins Cockpit dürfte. Ich bin dann nach vorne und habe mich mit dem Kapitän unterhalten. Natürlich war das ein Amerikaner. Aber ich habe ihm erklärt, warum ich in seiner Maschine sitze. Und wir hatten Glück, dass in Frankfurt Nebel war, wir konnten also nicht landen und mussten im Warteraum Metro kreisen.

Blick in die Halle. 1962 kann sie erstmals ganz ihrem eigentlichen Zweck zugeführt werden: der zivilen Nutzung. Und sie ist in diesen Jahren die größte aller deutschen Flughäfen.

Da hatten wir Zeit, uns zu unterhalten. Als wir dann landen konnten, war ich überrascht, bei welch schlechter Sicht die Piloten landen konnten. Als Pilot im Krieg musste ich anderthalb Kilometer Sicht und 300 Meter Wolkenuntergrenze haben. Und dieser Mann nahm mich nach der Landung an der Hand und führte mich zum Personalbüro der Pan Am. Dort bekam ich mein erstes Stellenangebot nach der Haft. Für 460 Mark – das war damals für mich ein Heidenreichtum – hätte ich als ›ramp agent‹, also beim Bodenpersonal, anfangen können.«

Doch Günther Wolf hatte sich in den acht Jahren in Bautzen und Brandenburg einen Traum bewahrt: wieder im Cockpit eines Flugzeuges zu sitzen und zu fliegen. Und er machte seinen Traum wahr. Ein Jahr später begann er seine Ausbildung als Verkehrspilot bei der wieder gegründeten Lufthansa und startete erfolgreich seine Karriere. Er gehörte zu den ersten, die Anfang der 70er-Jahre den »Jumbo«, dann die DC-10 flogen. Aber auf Tempelhof ist er als Pilot nie gelandet.

Mit dem Bau der Berliner Mauer, am 13. August 1961, reißt auch der Flüchtlingsstrom nach West-Berlin abrupt ab. Innerhalb kürzester Zeit ist die Halbstadt nun wirklich eine Insel, umgeben von einem Grenzregime, das immer geschickter und perfekter nahezu jeden Fluchtversuch vereitelt. In den folgenden Jahren und Jahrzehnten, bis zum 9. November 1989, versuchen immer weniger Menschen aus der DDR auf dem einst so direkten Weg von Ost nach West zu fliehen. Es gibt andere, manchmal weniger gefährliche Routen. Auch wenn die Zahl der Flüchtlinge nicht mehr mit denen der 50er-Jahre vergleichbar ist. Nur Tempelhof bekommt in diesen Jahrzehnten eine besondere Anziehungskraft, wenn auch – vergleichsweise – wenige Flüchtlinge ihn noch nutzen.

Flughäfen in aller Welt haben gemeinhin die Aufgabe, Passagiere zu empfangen oder auf den Weg zu ihren Zielen zu bringen. Dass sie das Ziel einer Flucht werden, ist eher außergewöhnlich und setzt außergewöhnliche politische Umstände voraus. Der Kalte Krieg war mit Sicherheit ein solcher Umstand, der Millionen Deutsche nach dem Krieg bewog, die Grenze zwischen Ost und West zu überschreiten. In den meisten Fällen führte diese Flucht nach Westen, meist ohne großes Aufheben und Presserummel. Allenfalls war es eine kurze Notiz in den Zeitungen und Fernsehnachrichten wert. Das galt auch in den Achtzigerjahren für die polnischen Verkehrsmaschinen, die im heimatlichen Luftraum entführt und nach Tempelhof »umgeleitet« wurden. Der Flughafen bot sich an, weil West-Berlin günstig lag: mitten in der DDR, nur 80 Kilometer von der polnischen Grenze entfernt. Und es dauerte nicht lange, bis die angeblich so berühmte »Berliner Schnauze« die drei Buchstaben der staatlichen polnischen Fluglinie LOT neu übersetzte: Landet Och Tempelhof.

Dabei waren es nicht nur polnische Verkehrsmaschinen, die in Tempelhof landeten. Jedes Fluggerät war den polnischen Flüchtlingen recht, um zum Beispiel dem Kriegsrecht Anfang der 80er-Jahre und möglichen Repressionen zu entgehen. Oder einfach auch nur, weil sie den westlichen Überfluss der östlichen

Die Zahl der Passagiere belief sich Anfang der Sechzigerjahre auf über 1,6 Millionen. Hier die Gepäckausgabe.

Mangelwirtschaft vorzogen. Jeder einzelne Flüchtling hatte mit Sicherheit seine guten Gründe. Es war nicht ungefährlich, durch den Luftraum der DDR zu fliegen. An der Nahtstelle zwischen Ost und West waren die Überwachungstechniken auf beiden Seiten ausgefeilt.

Schon 20 Jahre früher, genau am 10. Juli 1963, gelang eine Flucht, die in West-Berlin große Aufmerksamkeit fand. Dem *Tagesspiegel* war sie sogar eine Geschichte auf der ersten Seite wert:

»Polnischer Major mit Militärmaschine nach West-Berlin geflüchtet. Mit Frau und zwei Kindern an Bord – im Tiefflug über die Zone. Sicher in Tempelhof gelandet«, titelte das Blatt am 11. Juli 1963.

»Der Pilot, Major Richard Obacz, legte die Strecke in einer durchschnittlichen Flughöhe von nur 50 Metern zurück. Er wich allen ihm bekannten Bodenkontrollen aus und hatte während des Fluges keine Begegnung mit anderen Maschinen aus kommunistischen Staaten.«

Der Major, seine Frau und die beiden Söhne hielten sich, nachdem sie um politisches Asyl gebeten hatten, als »Gast der US-Luftwaffe auf dem Flughafen Tempelhof auf«. Das ist wohl auch der Grund, warum die Berliner Archive zu diesem Fall keine Unterlagen haben. Aber in den National Archives in Washington ist alles dokumentiert. Und hier findet sich auch der Hinweis, warum es keinen Richard Obacz in den USA gibt: Aus Obacz wurde Oden. Die Familie hat ihren Namen kurz nach ihrer Ankunft in den USA der amerikanischen Zunge angepasst.

Richard Oden, früher Obacz, und seine Frau leben heute in der Nähe von Washington. Seit ihrer Landung in Tempelhof vor nunmehr 35 Jahren hat sich niemand mehr für ihre Geschichte interessiert. Bis zu seiner Pensionierung hat der ehemalige polnische Major für die amerikanische Regierung gearbeitet.

Mittlerweile ist er in Polen rehabilitiert, hat auch einen polnischen Pass und ist Reserveoffizier der polnischen Luftwaffe. Bald wollen er und seine Frau nach Polen zurückkehren.

»Einen Tag vor unserer Flucht habe ich noch einen Kampfbomber getestet, und dann bekam ich die Nachricht, dass der sowjetische KGB dafür gesorgt habe, dass der Oberbefehlshaber der polnischen Luftwaffe, General Jan Frey-Bielecki, abgelöst worden sei. Und wir standen uns so nahe, dass ich Angst bekam, zu bleiben. Frey-Bielecki war nicht immer bereit, auf die ›Vorschläge‹ der Sowjets einzugehen, und wies sie zurück. In seinem Stab war ich der Chef der Ausbildungsabteilung, und wir hatten uns von den sowjetischen Ausbildungsmethoden gelöst und eigene Trainings entwickelt. Unsere Kampfbomber waren zwar sowjetische Modelle, aber wir haben sie selbst in Polen gebaut, wo wir damals für die Ostdeutschen gebaut haben. Wir waren in der Beziehung ziemlich unabhängig zwischen 1956 und 1963.

Und als ich die Nachricht erhielt, dass General Frey-Bielecki abgelöst worden war, wusste ich, dass ich fliehen sollte.«

Warum aber gerade nach West-Berlin?

»Es war das nächstliegende Ziel, und es war ungefährlich für mich. Wären wir nach Schweden oder Bornholm geflogen, wäre ich leichter entdeckt worden. Aber da wir über die DDR in Baumhöhe flogen, konnte mich keiner entdecken. Als ich über die Grenze zur DDR flog, lag unter mir der polnische Kontrollposten, und der Junge auf dem Turm hob das Fernglas und schaute mir nach, ebenso die DDR-Grenzer. Ich bin zur Sicherheit ein Stück die deutschpolnische Grenze abgeflogen, um mich zu tarnen.

Meine Frau und die Kinder wussten nicht, dass wir fliehen würden. Meine Frau bemerkte nur, als wir den Schienen zwischen Küstrin und Berlin folgten, dass die kleinen Bahnhöfe anders aussahen als in Polen. Und außerdem bin ich so tief geflogen, dass sie die Namen der Stationen lesen konnte.«

Wie hat die Familie reagiert, als sie mitbekam, dass sie Kurs Richtung Westen genommen haben?

»Meine Frau verhielt sich ruhig, ich habe sie von meinem Sitz vorne im Cockpit im Spiegel gesehen. Vermutlich hat sie den Flug genossen. Erst nachher hat sie mir erzählt, dass ihr die Grenzüberquerung bewusst geworden ist, als sie die DDR-Fahne statt der polnischen sah.«

War es das erste Mal, dass er über DDR-Territorium flog?

»Nein, vorher war ich schon mal in Cottbus gewesen, wenn wir Maschinen an die DDR ausgeliefert haben. Die Gegend war mir vertraut. Und ich wusste natürlich auch, dass Berlin in vier Sektoren aufgeteilt war damals. Da gab es im französischen Sektor einen Flugplatz, der hieß Tegel. Aber zu dieser Zeit, 1963, suchte der französische Präsident de Gaulle engere Beziehungen zu Nikita Chruschtschow. Das machte mich misstrauisch, ob ich mich wirklich unter den Schutz der Franzosen begeben sollte. Vielleicht hätten Sie mich auch an Polen ausgeliefert. Da war es besser, in Tempelhof zu landen, im amerikanischen Sektor, und die Behörden dort um politisches Asyl zu bitten.

Tempelhof war mir schon durch die Blockade ein Begriff. Als ich es das erste Mal anflog, war die Sicht nicht sehr gut, aber ich bemerkte starken Flugverkehr von und nach Tempelhof. Ich konnte ja keinen Funkkontakt mit dem Tower aufnehmen und um eine Landegenehmigung bitten. Hätte ich mir die Frequenz in Polen geben lassen, wäre das einem Selbstmord gleichgekommen. So musste ich sehen, wie ich ohne Kommunikation runterkomme, und entschloss mich, auf keinen Fall den regulären Flugverkehr zu stören. Deswegen wollte ich auch nicht auf einer der regulären Start- und Landebahnen aufsetzen, sondern suchte mir einen der *taxiways* aus, der parallel zu einer *runway* verlief. Das landen auf Autobahnen hatte ich bei der polnischen Luftwaffe trainiert. So war das Ganze für mich kein Problem. Außerdem flog ich eine TS-8, ein kleines Schulungsflugzeug, das sehr handlich und sogar kunstflugtauglich war. Nachdem ich mir also einen Überblick verschafft hatte, setzte ich zum Landeanflug an.«

Doch womit Richard Obacz nicht gerechnet hatte, das waren die Schafe, die auf Tempelhof friedlich grasten und das Grün auf dem Flugfeld kurzhielten. Dass die Schafe auf den Start- und Landebahnen nichts zu suchen hatten, hatte man dem Schäfer bestimmt gesagt – nur von den *taxiways,* auf denen die Maschinen langsam vom oder zum Terminal rollten, hatte keiner gesprochen. Und das sollte jetzt für Richard Obacz zum Problem werden.

»Ich war gerade im Begriff, auf dem *taxiway* aufzusetzen, als die Schafe die Rollbahn überquerten. Ich entschloss mich, keine Lammkoteletts zu produzieren, und zog die Maschine wieder hoch.«

So war er gezwungen, noch einmal zur Landung anzusetzen, und dieser Kurs führte ihn nun ein drittes Mal über Ost-Berliner Gebiet. Inzwischen waren auch die Amerikaner auf das polnische Flugzeug aufmerksam geworden. Ein Hubschrauber war aufgestiegen und schirmte die TS-8 ab, als Major Obacz zum dritten und nun erfolgreichen Landeanflug ansetzte.

Der Regierende Bürgermeister Willy Brandt mit seiner Frau Rut 1959 bei der Abreise in die USA.

»Ich wurde dann zum Terminal gelotst, stoppte die Motoren, wir kletterten aus der Maschine. Da kam auch schon der Commander der Basis auf mich zu, und ich habe ihn begrüßt, wie es unter Slawen üblich ist: Ich habe ihn dreimal geküsst. Das hat ihn erschüttert. Er kannte wohl den Brauch nicht, obwohl er so nahe der polnischen Grenze stationiert war. Ein bisschen Englisch konnte ich damals schon und rief: ›I'm here, I'm here.‹«

Kurz nach 15 Uhr war er gelandet, und noch am selben Abend wurde eine Pressekonferenz einberufen. Richard Obacz wollte die Presse mit dem deutschen Satz überraschen: »Ich bin auch ein Berliner«, die Amerikaner baten ihn jedoch, davon Abstand zu nehmen. Darüber ist er noch heute gekränkt. Und er lernte in den ersten Stunden im freien Westen, dass es nicht immer opportun sein muss, alles und das gleich zu erzählen. Es wurde eine Sprachregelung für die Pressekonferenz verabredet.

»Sie haben mir gesagt, dass es jetzt nicht sinnvoll sei, darüber zu sprechen, was die Sowjets mit der polnischen Luftwaffe anstellen. Über die Zustände in Polen aber konnte ich frei sprechen. Später, in Frankfurt am Main, wollten sie eine zweite Pressekonferenz veranstalten, auf der ich dann alles sagen sollte, was ich wollte. Aber diese Pressekonferenz hat nie stattgefunden.«

Nach der Pressekonferenz wurden Richard Obacz und seine Familie erst ein mal im Terminal untergebracht. Doch in derselben Nacht ging die Reise weiter.

»Um Mitternacht wurden wir zu einer DC-3 gebracht. Die Sowjets werden vermutlich nicht gewusst haben, dass wir zu dieser Stunde mit dieser Maschine ausgeflogen wurden. Wir flogen über eine Stunde durch den Korridor Richtung Frankfurt. Und ich sah aus dem Fenster, entdeckte sowjetische Fliegerhorste, sah ihren Maschinen beim Nachttraining zu und machte mir Gedanken, weil die kleine DC-3 in der ihr zugewiesenen Höhe gegen starken Gegenwind anzukämpfen hatte und wir nicht vorwärtskamen. Was wäre, wenn die Sowjets versuchen würden, die Maschine zur Landung zu zwingen? Ein paar Kampfflugzeuge und ein paar Warnschüsse hätten doch gereicht, und der Pilot wäre gefolgt. Aber dann sind wir glücklich in Frankfurt gelandet.«

Die nächsten Wochen wurden für Richard Obacz sehr anstrengend. In der Nähe von Frankfurt wurde er vernommen, Geheimdienstler sind eben misstrauische Menschen. Dass drei Anflüge nötig gewesen seien, um auf Tempelhof zu landen, wollten sie nicht glauben, erinnert er sich.

»Da haben sie mich auf die amerikanische Luftwaffenbasis nach Ramstein gebracht, und ich musste einen Probeflug absolvieren. Erst dann haben sie mir geglaubt, dass ich wirklich Militärpilot war.«

Derweil begann der in diesen Fällen wohl übliche Papierkrieg der Diplomaten. Zwei Tage nach der Flucht forderte die polnische Regierung über ihre Botschaft in Washington die Rückgabe der Maschine und die Auslieferung des Piloten mit dem Argument, er sei nicht nur ein Deserteur, sondern auch kriminell. Washington lehnt ab, und die amerikanischen Diplomaten überlegen, wie die Rückgabe der Maschine behandelt werden soll. Am 15. Juli schaltet sich die Botschaft in Bonn ein und schlägt vor, die Rückgabe an eine Bedingung zu knüpfen.

In Ostdeutschland stände noch ein Militär-Lkw samt Ausrüstung, mit dem ein Captain Svenson sich abgesetzt habe. Könnte man nicht beide Fälle miteinander verknüpfen? Man kann nicht, wird beschlossen. Die Beziehungen zu Polen seien andere als die zur DDR, dazu müsse dann auch noch die Sowjetunion eingeschaltet werden …

Kurzum, in diesen Tagen wird viel Papier verbraucht, bis Mitte August die Maschine von Tempelhof Richtung Osten abheben kann. Es sollte 31 Jahre dauern, bis Richard Oden wieder nach Polen kam. Im Mai 1994 flog er erstmals wieder nach Warschau. Als er 1997 über Berlin nach Warschau reiste, hatte er eine Zwischenlandung auf dem Flughafen, der ihm 1963 für seine Flucht zu unsicher erschien – Tegel.

Come fly with me …
Pan Am auf Tempelhof

Auch wenn man mit Superlativen – gerade auch in der Luftfahrt – besonders vorsichtig sein sollte:

Pan American World Airways war wohl die berühmteste Airline der Welt. Jahrzehnte verkörperte sie den »American way of live« rund um den Globus.

Und sie galt als »Flag Carrier« der Vereinigten Staaten. Scherzhaft sprachen Mitarbeiter von »ihrem fliegenden Teppich« und waren stolz zur »Pan-Am-Familie« zu gehören.

Im geteilten Deutschland spielte Pan Am eine ganz eigene Rolle. Flüge von und nach West-Berlin waren nur Fluggesellschaften der West-Alliierten gestattet. Und so waren es die britische BEA, Air France und Pan Am, die die Insel West-Berlin bis zur deutschen Einheit mit der freien Welt verband. Frankfurt, Hamburg, Hannover, Nürnberg, München und Stuttgart waren die Destinationen für Pan Am. Den »Internal German Service« (I.G.S.) startete Pan Am 1954 mit einem Hub in West-Berlin und einer technischen Basis am Rhein-Main-Flughafen in Frankfurt. Der I.G.S. beschäftigte im Laufe der Jahrzehnte mehrere Hundert deutsche Mitarbeiter und US-amerikanische Piloten. Geflogen wurde zunächst mit DC-4, ab 1956 kam die größere DC-6 und ab Ende 1966 waren ausschließlich Boeing 727 im Einsatz. Düsenjets, ›Pan Am Clipper‹, deren Namen gerne einen Bezug zu Berlin hatten.

Pan Am gibt es längst nicht mehr, aber ihr Mythos lebt fort in ungezählten Dokumentationen, Spielfilmen und Fernsehserien. Man könnte fast meinen: Je länger Pan Am schon Geschichte ist, umso lebendiger ist sie in den Köpfen von Luftfahrtenthusiasten und natürlich ihrer ehemaligen Mitarbeiter, der Frauen und Männer, die teilweise ihr ganzes Berufsleben »Pan Am« waren.

Das gilt vielleicht sogar ganz besonders für Berlin, das alte West-Berlin. Auf dem Dach des Europa-Centers existiert noch heute die »Pan-Am-Lounge«, einst für prominente Gäste der Airlines und das fliegende Personal eingerichtet, kann man sie heute für Events mieten und den Charme der 60er-Jahre genießen.

Und es gibt eine sehr rührige Gemeinschaft ehemaliger Pan-Am-Mitarbeiter, die die alte »Heimat-Basis« auch nach dem Ende des I.G.S. nicht verlassen haben oder immer wiederkehren.

Noch heute, über 30 Jahre nachdem Pan Am seine Präsenz in Berlin verlor und in die Insolvenz ging, treffen sie sich immer noch zweimal im Jahr in einem Café in Berlin Wilmersdorf. Dazu braucht es keine Einladung und keine Verabredungen. Wer am 1. Juni oder am 1. Dezember in der Stadt ist und Lust und Zeit hat, kommt. Man trifft sich am frühen Abend und die Letzten gehen erst nach Mitternacht. Immer noch und immer wieder sind auch Mitarbeiter dabei, die die Jahre in Tempelhof noch miterlebt haben.

Wie Norbert Pieron, der direkt auf Tempelhof gearbeitet hat.

»Ich bin in der Nähe von Tempelhof aufgewachsen und habe schon als Kind die Flugzeuge am Himmel beobachtet. Am Flughafen gab es – Ende der 50er-Jahre – einen Kinderclub. Da konnten wir basteln und Coca-Cola und Wrigley's Kaugummi billiger kaufen. Den habe ich dann in der Schule mit einem Aufschlag verkauft. Das waren so meine ersten Erfahrungen mit den Amerikanern. Die waren unsere Freunde, das waren die Guten. Erst später hat man das dann etwas differenzierter gesehen.

In Tempelhof zu arbeiten, habe ich 1968 begonnen. Da war ich gerade 22 Jahre alt. Vorher hatte ich bei einem Reisebüro gearbeitet, kam also aus der Reisebranche. Bei Pan Am habe ich dann zunächst beim Check-In gearbeitet und dann im Verkauf. Das war eine besondere Zeit. Die Arbeit bei Pan Am war für mich vielfach auch lebensbestimmend. Meine spätere, zweite Frau arbeitete bei Pan Am in New York. Wir haben dann hier in Berlin zusammengelebt, hatten zwei Kinder. Zusammen sind wir viel gereist. Wir waren viel in Florida und besonders gerne auf Hawaii.

Ein innerdeutscher Flug kostete uns 10 DM, in Europa 20 DM und weltweit 40 DM. Ein Flug mit der Familie in die USA kostete mich also 160 DM. Und in den Hotels haben wir auch noch Rabatt bekommen. 50 Prozent waren üblich.

Wir sind eine Pan-Am-Familie. Und der Job hat mir fast immer Spaß gemacht.

Die Empfangshalle war ja wie ein großer Bahnhof. Wenn man die Treppen runterkam, auf der rechten Seite da war Pan Am. Wir haben ja fast die halbe Halle eingenommen. Dann kam Air France. Bei denen haben wir manchmal ausgeholfen, wenn es Probleme gab. Und dafür haben wir dann eine Flasche Champagner gekriegt. In Tempelhof war das schon eine tolle Familie. Auch zwischen den Airlines.

Und auf Tempelhof gab es ja damals noch Gepäckträger. Die trugen rote Mützen, waren selbständig und haben unheimlich viel Geld verdient. Die haben die Omas, die mit dem Taxi vor dem Flughafen angekommen sind, mit ihren Koffern abgeholt und zum Check-In gebracht.

Das Einchecken lief damals noch ganz anders ab: Man nahm das Ticket, machte auf einer Liste einen Strich und wenn die Maschine voll war, war sie voll. Zugewiesene Sitzplätze gab es anfangs noch nicht. First come, first serve. Wir haben die Zahl der Passagiere und der Gepäckstücke dann nur an ›weight and balance‹ gemeldet. Die haben dann das Startgewicht berechnet.

Und ich habe meine erste Frau dort am Pan-Am-Counter kennengelernt. Sie war eine amerikanische Chinesin. Sie kam an den Schalter und meine Kollegen haben sie nicht verstanden. Sie sprach mit einem etwas breiten Brooklyn-Akzent.

›Komm mal Norbert, ich verstehe die nicht‹, kam ein Kollege zu mir.

Ich kam damit aber gut zurecht, weil ich viel mit den amerikanischen Soldaten auf dem Flughafen geredet habe. Und kam deswegen auch mit den verschiedenen Akzenten gut zurecht. Und so lernte ich eine wunderschöne Frau kennen, die ich später dann geheiratet habe. Leider ist sie zwei Monate später in New York gestorben. Ich war dann öfter in New York bei ihrer Familie und habe bei einem meiner Besuche meine zweite Frau dort kennengelernt, wie gesagt eine Kollegin.

Insgesamt 22 Jahre bin ich bei Pan Am geblieben – bis zur deutschen Einheit, als Lufthansa den Berlin-Verkehr übernommen hat. Dann habe ich für Lufthansa gearbeitet bis zu meiner Pensionierung.«

Monika Karp war in der Verwaltung.

»Ich habe ab 1966 bei Pan Am im Büro gearbeitet. Wir haben die Flugzeiten der Piloten kontrolliert. Das wurde damals ja alles noch per Hand gemacht. Das war eine Routinearbeit und nach 3 Monaten dachte ich: hier musst du raus. Und dann hatte ich das Glück, in das Büro des Stationsleiters wechseln zu können. Und da ich auch eine kaufmännische Ausbildung hatte, Steno schrieb und tippen konnte, habe ich das gerne gemacht.

Vom Büro konnten wir auf das Vorfeld schauen. Sahen die Flugzeuge, wie sie reinrollten. Das war schon imposant. Abends standen sie dann in Reih und Glied hintereinander. Das war wirklich ein toller Anblick.

Dass wir bei Pan Am ein so tolles Betriebsklima hatten, hing auch mit den Amerikanern zusammen. Die sind einfach locker und gesellig. Und die Vorgesetzten verstanden uns Mitarbeiter zu motivieren. Wir wurden gut behandelt und ganz gut bezahlt und die Welt war in Ordnung.

1975 bin ich dann mit nach Tegel und habe dann später dort den Clipper Club, die Lounge von Pan Am übernommen.«

Der wohl älteste Mitarbeiter an diesem Abend war Mechaniker bei Pan Am: Hans Joachim »Hanne« Köhler, von Hause aus Kfz.-Mechaniker. Von 1959 bis 1965 war er bei Pan Am und hat die Verkehrsmaschinen gewartet.

»Bevor ich zur Pan Am kam, hatte ich ja schon beim Amerikaner gearbeitet, Autos repariert am Hüttenweg. Und da erfuhr ich, dass Leute gesucht werden für Tempelhof. Ich wurde sofort angenommen und zum Flugzeugmechaniker umgeschult. Wir hatten extra Lehrer, die uns das Flugzeug erklärt haben. Damals war es ja noch üblich, dass wir von der verklemmten Toilettentür bis zum Zylinderwechsel alles an der Maschine gemacht haben.

Pro Schicht waren wir 7 bis 8 Kollegen und wir haben in 3 Schichten rund um die Uhr gearbeitet. Die DC-4 und dann die DC-6 haben wir gewartet.

Im Winter war es eine Viecherei, wenn wir im Freien arbeiten mussten. Damals gab es ja noch richtige Kälte. Die Motoren der DC-6 mussten ab 10 Grad Minus alle fünf oder sechs Stunden gestartet werden, weil sonst die Gefahr bestand, dass vielleicht die Ölkühler platzen. Und wenn man dann im Freien an der Maschine gearbeitet hat und der Schneematsch ist einem in den Nacken gerutscht, war das nicht angenehm.

In den Hangar kamen die Maschinen nur zum Waschen oder wenn eine Maschine größere Probleme hatte. Wenn wir den Propeller wechseln mussten, ging es nur im Hangar, weil wir den Kran brauchten oder zum Motorwechsel. Aber Zylinder haben wir schon mal im Freien gewechselt. Der Job hat mir ziemlich viel Spaß gemacht und er war ja außerdem noch sehr verantwortungsvoll. Die Bezahlung aber war nicht so toll. Was habe ich damals bekommen? So 650 oder 700 D-Mark waren es. Aber wir sind damit ausgekommen.

Und dann war es ja so: Die Captains sind natürlich besser bezahlt worden als die Mechaniker, also mussten wir die Flieger morgens warm machen. Also rein in den Flieger und ins Cockpit, den Tower angesprochen, zur ›run-up area‹, die Motoren warmlaufen lassen und die Maschine danach am Terminal abgestellt.

Das war schon ein eigenes Gefühl, wenn man vom Pilotensitz aus so einen großen Vogel bewegt hat. Die »run-up area« war rechts vom Gebäude direkt unter dem Tower. Und das Warmlaufen dauerte schon ein paar Minuten. Der Öltank fasste 60 oder 80 Liter. Und die wollten erst einmal auf Betriebstemperatur kommen.

Zwischenfälle oder Unfälle gab es kaum. Aber an einen Fall erinnere ich mich: Da wurde ein neuer Kollege ausgebildet, mit dem Flugzeug rollen zu können. Er saß im Cockpit, neben ihm der Supervisor. Wir hatten noch elektrische Aggregate zur Starthilfe für die Flugzeugmotoren. Wie vorgeschrieben, wollte er die Motoren in vorgegebenen Reihenfolge 3, 4, 2, 1 anlassen. Doch er hatte die Bremse nicht gesetzt. Motor 3 lief, als Motor 4 lief, setzte sich die Maschine in Bewegung, der Propeller hat ein Aggregat kaputt gehauen und der Feuerlöscher am Aggregat ist explodiert. Der schoss hoch wie eine Rakete und schlug an die Propeller-Nase mit dem Untersetzungsgetriebe und den Propeller.

Beide Teile mussten dann ausgetauscht werden, da war ein ganz schöner Schaden entstanden.«

Musste man als Mechaniker damals eigentlich gut Englisch können?

»Gut Englisch nicht«, erinnert er sich. »Aber man musste in der Lage sein, dem Supervisor zu erklären, was man gemacht hat. Denn der Supervisor hat ja dafür unterschrieben.

1965 habe ich aufgehört, als die Boeing 727 von Pan Am in Dienst gestellt wurde. Ich wollte nicht an Düsenmaschinen arbeiten. Mir waren die Kolbentriebwerke lieber. Und so habe ich Pan Am verlassen und bin erst einmal nach Saudi-Arabien gegangen.«

Die Liebe zum Kolbenmotor hat sich »Hanne« Köhler bis heute erhalten. Mittlerweile 90 Jahre alt, restauriert er noch alte Motorräder.

Eine, die bis heute das Fliegen nicht lassen kann ist Sandria North.

Sandria North kam 1966 aus Houston nach Frankfurt.

»Seit dem 17. Januar 1972 arbeite ich als Stewardess«, erzählt sie stolz. »Und ich fliege immer noch! Zuerst bei Pan Am und seit 1991 bei Lufthansa. Angefangen habe ich bei Pan Am im innerdeutschen Verkehr Tempelhof – Frankfurt, München, Hamburg, Nürnberg –, wo immer Pan Am geflogen ist. Später auch innerhalb Europas.«

Wie kommt es, dass eine Amerikanerin bei Pan Am in Deutschland anfängt und innerdeutsch fliegt? Sie hätten doch auch in den USA für Pan Am arbeiten können.

»Ich lebte damals in Frankfurt und aus Jux und Dollerei habe ich mich damals beworben und wurde angenommen für den ›IGS‹, den ›Internal German Service‹.«

Was verbindet Sie mit Tempelhof?

»Oh, Tempelhof, das war meine Mutter. Das war der erste Flughafen, von dem ich geflogen bin. Es gab nichts anderes bis 1975. Stewardess war damals ja auch noch ein ganz besonderer Beruf. Der Beruf war für mich damals hervorragend. Fliegen war hervorragend. Denn die Leute wussten noch, wie sie sich benehmen sollten und sie haben sich auch noch richtig angezogen. Leider Gottes gibt es das heute nicht mehr. Aber es ist, wie es ist. Auch damals gab es Passagiere, die sich schlecht benahmen. Aber nicht in dem Maße, wie es heute passiert. Wichtig ist nur, dass man weiß, wie man mit diesen Leuten umgehen muss. Ich fühle mich auch nie persönlich angegriffen. Die Leute schimpfen mit der Uniform, die du trägst. Ohne Uniform würden sie uns gar nicht sehen.

Wie viele Umläufe ich damals am Tag geflogen bin, kann ich heute gar nicht mehr sagen. Unser Dienstplan sah generell vor, dass wir 30 Tage geflogen sind und dann sieben Tage garantiert frei hatten. Aber Ausnahmen waren auch möglich.«

Anfang der 70er-Jahre, als Sandria North bei Pan Am anfing, gab es die strengen Regeln für Stewardessen, wie sie noch in den Fünfzigern galten, nicht mehr. »Nein«, lacht sie, »wir mussten keine High Heels tragen oder Hüfthalter, wie die Kolleginnen vor uns. Das mussten wir nicht mehr.«

»Ich habe auf der 727 angefangen. Es war wunderbar, in diesem Flugzeug zu arbeiten.«

Sandria North ist wie ein Glückskind. Nur positive Erinnerungen verbindet sie mit ihren Jahren bei Pan Am und der Beruf macht ihr auch heute noch Spaß. In einem Alter, in dem die Kolleginnen, mit denen sie damals auf Tempelhof angefangen hat, längst pensioniert sind, fliegt sie weiterhin für Lufthansa und denkt noch längst nicht ans Aufhören: »Ich finde Fliegen wunderbar. Wie am ersten Tag!«

Michael Clark hatte 9 Jahre bei der Royal Air Force in der Logistik gedient. Seine Frau, eine Berlinerin und Mitarbeiterin von Pan Am, ›warb ihn ab‹.

»Ich bin 1969 zu Pan Am nach Tempelhof gekommen. Ich war bei der Passagierabfertigung. Damals waren wir zu zweit am Schalter. Die Kollegin hat die Tickets entgegengenommen und wir Männer haben die Gepäckanhänger an die Koffer gemacht. Und dann gab es da eine Rutsche, auf der ging der Koffer in den Keller. Aber damals gab es noch keine Sitzplatzreservierung. Die Bordkarten wurden durchnummeriert. Und wenn der Flieger voll war, war er voll. Wir haben in zwei Schichten gearbeitet und jeweils fünf Maschinen abgefertigt. Der Renner unter unseren Flügen war Tempelhof–Hannover.

Das Ticket hat 51 DM gekostet. Das war natürlich nicht der tatsächliche Preis. Die Flüge von und nach Berlin wurden von der deutschen Regierung subventioniert.

Pan Am hat das große Passagieraufkommen für die Flüge nach Hannover ganz clever gemanagt. Die Schedule-Maschine ging, sagen wir, um 6:00 Uhr nach Flugplan raus. Aber es gab noch weitere Maschinen, die unter der gleichen Flugnummer, kurz vor 6:00 Uhr oder nach 6:00 Uhr Tempelhof verließen. Die Bordkarten hatten verschiedene Farben und so wussten die Passagiere, in welche der Maschinen sie einsteigen sollten. Und das funktionierte. Das war in den frühen 70er-Jahren.«

Welche Rolle spielte denn das Thema Sicherheit damals auf Tempelhof?

»Eine Passkontrolle gab es, das war aber schon alles! Personenkontrollen, Gepäck durchleuchten – das kam alles erst viel später in Tegel auf.

Zwischen den Fluggesellschaften hatten wir eine gute Zusammenarbeit. Beispielsweise flogen British Airways und Pan Am in dieser Zeit Frankfurt an. Wenn bei uns ein Flug überbucht war, dann haben die Kollegen von British Airways unsere Passagiere mitgenommen oder umgekehrt. Das ging reibungslos.

Wir hatten natürlich auch viele prominente Passagiere auf Tempelhof. Da gab es schon einige lustige Geschichten. Ich erinnere mich an einen berühmten amerikanischen Balletttänzer. Wenn der die Abflughalle betrat, sprang er immer die Treppe herunter. Eines Tages wollte er mit seinem Schäferhund nach Amerika fliegen. Mit einem Hund nach Amerika fliegen war damals ganz schön teuer. Und da hat ihm jemand den Tipp gegeben, er solle eine schwarze Brille aufsetzen und sagen, sein Schäferhund sei sein Blindenhund. Natürlich ist er aufgeflogen.

Und dann gab es da noch den Berliner Politiker Jürgen Wohlrabe. Ich hatte ihm den Spitznamen ›Public Enemy Number

One‹ gegeben. Dieser Mann wurde von den Airlines, der Polizei, dem Zoll gehasst. War ja nicht nur Politiker, sondern auch Geschäftsmann. Und er hat immer so getan, als ob ihm der ganze Laden gehört.

Sehr lustig wurde es immer, wenn prominente Schauspieler oder Komiker zu uns kamen. Dieter Hallervorden war immer sehr nett.

Und dann erinnere ich mich noch an Dieter Thomas Heck, ich habe ihn eigentlich sehr gerne gemocht. Aber jedes Mal, wenn er nach seiner Sendung mit viel Gepäck nach Tempelhof kam, hat er sich von einem Gepäckträger helfen lassen. Und jedes Mal, wenn es ums Trinkgeld ging, holte er einen Hundert-Mark-Schein raus. Der Gepäckträger konnte natürlich nicht wechseln und so vertröstete Heck ihn auf das nächste Mal. Ich bin dann einmal zu dem Gepäckträger hin und habe ihm gesagt: Merkst du nicht, dass er den Trick jedes Mal macht. Das nächste Mal hast du Münzen als Wechselgeld dabei. Das wird er sich merken. Aber dazu ist es wohl nie gekommen.«

Und auch von den alten Pan-Am-Piloten waren einige gekommen. Die allermeisten kennen Tempelhof nur aus Erzählungen. Sie haben Tegel angeflogen. Irving Astor, Jahrgang 36, erinnert sich noch gut an seine Jahre auf Tempelhof.

»Am 28. März 1971 bin ich als Flight-Engineer-Pilot nach Berlin gekommen und bin nie wieder gegangen. Ich habe immer noch eine Wohnung hier, und egal wohin ich reise und wohin ich gehe, ich komme immer wieder zurück.

Ich habe hier mit meiner Familie, mit meinen Kindern gelebt. Meine damalige Frau und ich sind seit Langem getrennt. Ich habe mit 85 noch einmal geheiratet, eine alte Freundin von Pan Am.

Vor meinem Einsatz in Berlin habe ich größere Maschinen geflogen, war in San Francisco stationiert und bin mit der Boeing 707 um die Welt geflogen. Dann kamen wir hierher: ich, meine Frau, vier Kinder, eine Katze und ein Hund, und ein Freund holte uns mit einem Volkswagen in Tempelhof ab.

Ich hatte von den wochenlangen Umläufen auf den internationalen Strecken genug und freute mich, in Berlin stationiert zu sein. Wir hatten hier einige Freunde und ich flog im ›Internal German Service‹, brachte unsere Passagiere von und nach Berlin und war jeden Abend wieder zu Hause. Das war gut für mich als Pilot und für meine Familie. Berlin war die einzige Pan-Am-Basis weltweit, wo das möglich war.

Und – um ehrlich zu sein – es gab auch noch eine Zulage, die ›Foreign Station Allowance‹. Wir hatten allen Komfort, den wir in den Staaten hatten und dazu den Touch in einer besonderen Stadt zu leben. Es war einfach ›great‹ hier zu leben. Ich lebte nicht nur mit den Kollegen und ihren Familien, ich suchte Kontakt zu den Berlinern, lernte Deutsch und sprach es weit besser, als ich es heute tue. Ich genoss die Kneipen, die Restaurants, die Kultur. Und ich hatte einen großen Freundeskreis damals in West- und Ost-Berlin. Da könnte ich viele Geschichten erzählen.

Aber natürlich war auch das Fliegen von und nach Tempelhof für die Piloten besonders. Wir mussten in den sogenannten Luft-Korridoren fliegen und durften diese auch bei schlechtem Wetter nicht verlassen. Gelegentlich näherten sich ostdeutsche oder sowjetische Fighter und beobachteten uns. Es war ein dummes System, das viel Treibstoff und Zeit kostete.

Einmal hatte ich zufällig eine Kamera in der Hand und habe einen sowjetischen Fighter fotografiert.

In all den Jahren bestand nie die Gefahr, dass wir in Ostdeutschland notlanden mussten. Die Boeing 727 hatte drei Triebwerke. Und selbst wenn eines im DDR-Luftraum ausfiel, war der Weg nach West-Berlin kurz genug, um sicher auf Tempelhof oder später Tegel zu landen.

In Tempelhof zu starten oder zu landen war aber immer etwas Besonderes. Da waren zunächst die kurzen Start- und Landebahnen und es war immer aufregend, wenn wir zwischen den Wohnhäusern hindurch anflogen. Es war ein großer Spaß. Und wir Piloten waren einfach richtig gut, wir hatten die Routine.

Die meisten von uns waren vorher Piloten bei der Air Force und hatten jede Menge Erfahrungen mit Starts und Landungen. Wir konnten quasi überall landen und haben das auch getan.

Aber es gab ein anderes Problem. Tempelhof hatte ja keine Gates. Die Passagiere gingen zu Fuß auf das Vorfeld zu den wartenden Maschinen. Wir mussten besonders auf betrunkene Passagiere achten. Aber es kam mitunter vor, dass nüchterne Fluggäste aus Versehen in die falsche Maschine einstiegen.

In einer nebligen Nacht hatte sich einer aufs Flugfeld verirrt, wo die Maschinen in kurzer Reihenfolge landeten. Ich bin in dieser Nacht auch geflogen und ich und die Piloten haben beim Aufsetzen ein kurzes »Bump« bemerkt. Etwas stimmte nicht. Wir haben darüber gesprochen und einer meinte: ›Oh, da haben wir wohl eines der Schafe überrollt, die das Gras kurz halten zwischen den Landebahnen.‹ Aber es war kein Schaf, es war der Vermisste. Das ist eine sehr traurige Geschichte.

Ansonsten habe ich viele gute Erinnerungen an Tempelhof.

Meinen ersten Anflug auf Tempelhof machte ich, da war ich noch Flugingenieur im Cockpit. Heute kann ich das ja erzählen, lacht er, Schwierigkeiten kann ich nicht mehr bekommen. Auch als Flugingenieure waren wir natürlich ausgebildet und qualifiziert als Piloten. Nur die berühmten »Streifen« hatten wir noch nicht.

Normalerweise aber kriegten Bordingenieure nicht die Erlaubnis, die Maschine zu fliegen.

Mein allererster Flug, wie gesagt am 28. März 1971, nach Tempelhof begann in Frankfurt. Ich kam ins Cockpit und stellte mich den Kollegen vor. In Berlin kannten sie sich ja alle untereinander, aber ich war ja neu. Und die beiden Piloten sagten: ›Du bist also der Neue?‹

›Ja, und es ist mein erster Flug nach Berlin.‹

›Na, was hältst du dann davon, Start und Landung zu übernehmen?‹

Also rutschte ich auf den Platz des Co-Piloten und er nahm meinen Platz hinten im Cockpit ein. Das war die Art von ›Kameraderie‹, wie wir sie in Berlin hatten.«

Irving Astor ist mit seiner Frau extra aus Barcelona, gekommen. Sie werden noch ein paar Tage bleiben und wenn es passt, dann sind sie in einem halben Jahr wieder dabei, wenn sich die alten Pan-Am-Kollegen wieder treffen werden.

Viel Prominenz und immer wieder die Berliner: Fotoalben über Tempelhof

Aber es passieren in diesen Jahren und Jahrzehnten nicht nur dramatische Geschichten. Prominente auf einem Flughafen sind immer ein besonderes Thema. Filmstars landen hier alljährlich, um an den Berliner Filmfestspielen teilzunehmen, Politiker aus aller Herren Länder für den obligaten Blick über die Mauer, Musiker, die auf Konzerttournee in die Halbstadt kommen. Damals, in den Fünfziger- und Sechzigerjahren, werden sie noch persönlicher betreut, als es heute möglich ist. Denn Fliegen war – abgesehen von den Flüchtlingen, die ausgeflogen wurden – immer noch etwas Exklusives. Einer, der sie betreut hat, war Horst Wachholz vom Bodenpersonal der Pan Am. 1962 war er nach West-Berlin geflohen und hatte sich bei der amerikanischen Airline beworben.

»Ich hatte von Hause aus eine Telexausbildung, und Pan Am hat gerade jemanden mit dieser Qualifikation gesucht, und so habe ich beim Bodenpersonal am Counter angefangen und darüber hinaus immer wieder die Prominenten betreut, die mit Pan Am flogen. Das ergab sich so. Heute gibt es VIP-Loungen mit eigenem Personal. Als ich anfing, gab es das nicht. Ich brachte jeden einzeln in einen Extraraum, der ganz am Ende des Ganges lag, von dem die Warteräume für die einzelnen Gates abgingen. Ab 1965 haben wir dann einen eigenen Kollegen für die VIP-Betreuung gehabt. Meine Hauptaufgabe war natürlich die Abfertigung der Passagiere, nebenbei aber habe ich mich – wie andere Kollegen auch – um die Prominenz gekümmert. Man kannte die Leute damals ja alle persönlich: Da waren der Herr Brandt, die

Frau Callas und viele andere mehr. Die kamen an den Counter in der Haupthalle, präsentierten ihr Ticket, und dann habe ich mich um sie gekümmert. Damals war eben genügend Personal vorhanden. Da ist es nicht aufgefallen, wenn man mit einem prominenten Gast mal eine Stunde in der Lounge saß. Heute wäre das undenkbar. Überhaupt war das Verhältnis zwischen Passagieren und Personal ganz anders. Und es war auch genügend Platz da, um die Gäste entsprechend umsorgen zu können. Es war eine andere Zeit, und auch der Umgang untereinander war anders …

Georg Thomalla sah man nie vor dem Counter. Er kam grundsätzlich durch die Hintertür. Plötzlich stand er zwischen uns und hatte meistens eine Flasche Weinbrand zur Begrüßung dabei. Grete Weiser besuchte uns jedes Jahr am 31. Dezember gegen 18 Uhr mit einer Kiste Champagner und ihrem Hund, um auf unser aller Gesundheit anzustoßen. ›Sie müssen ein guter Mensch sein‹, sagte sie zu mir, ›sonst würde mein Hündchen nicht mit Ihnen Gassi gehen‹, und ich bekam einen Kuss noch dazu. Sie war wie in ihren Filmen. Sie redete ununterbrochen, und es war nie langweilig, wenn sie da war.

Nicht nur Grete Weiser gab ab und zu ein Küsschen. Viel großzügiger geht Brigitte Mira damit um. Wen sie mag, nennt sie einfach ›Schätzchen‹, und ein Schmatzer folgt. Wenn erforderlich, rückt sie auch mal ein nicht ganz korrekt sitzendes Kleidungsstück der Kollegen zurecht.

Ella Fitzgerald war damals so übergewichtig, dass wir sie, als sie mit ihrer Band eine DC-3 charterte, aus Trimgründen in die letzte Reihe umsetzen mussten.

Die Geigerin Anne-Sophie Mutter soll die teuerste Violine der Welt besitzen. Eines der teuersten Celli hatte ganz sicher Pablo Casals. Er kam zu einem Konzert nach Berlin geflogen. Über den Transport seines Cellos im Belly gab es einen dicken Cabel-Vorgang. Ich sollte die Cello-Übergabe bei der Ankunft am Flugzeug arrangieren. Die Maschine rollte aus. Nachdem die Passagiere ausgestiegen waren, erschien Pablo Casals und wurde von der Presse aufgehalten. Ich begab mich zum Laderaum, und

Leonard Bernstein besucht 1960 zusammen mit dem New Yorker Philharmonic Orchestra die Festwochen in Berlin.

was ich dort erblickte, ließ mich erstarren. Loader ›Apparato‹, so wurde er von allen genannt, saß im Belly und fiedelte hingebungsvoll auf dem teuren Cello. Herr Casals näherte sich derweilen und befand sich schon unter dem Cockpit. Ich rief, so laut ich konnte: ›Maestro, bitte nicht unter der Tragfläche laufen. Ich hole Sie ab!‹ Ich lief im großen Bogen um die Tragfläche herum, ihm entgegen. Er hakte sich bei mir ein, und wir gingen den großen Bogen zurück zum Laderaum. Apparato hatte alles wieder schön eingepackt und übergab uns das Cello. Pablo Casals bedankte sich vielmals.«

Es gab aber auch Passagiere, die aus dem Osten der geteilten Stadt kamen, um von Tempelhof aus zu starten.

»Nicht über jede Begegnung mit Berlinern aus dem Ostteil unserer Stadt konnten wir uns freuen. So waren wir nicht begeistert, wenn wir Karl-Eduard von Schnitzler in der westlichen Öffentlichkeit sahen. Dafür freute ich mich, als es etwa 1964 zu einer Begegnung mit der in Ost-Berlin lebenden Schauspielerin und Witwe Bertolt Brechts, der damaligen Intendantin des Berliner Ensembles, Helene Weigel, kam. Sie flog nach Wien. Als Kind hatte ich sie als ›Mutter Courage‹ im Theater erlebt. Sie erzählte mir, dass ›der Brecht‹ – so titulierte sie ihn – keinesfalls die Mauer gutgeheißen hätte. Der Brecht hatte sich schon bei der Niederschlagung des Volksaufstandes vom 17. Juni 1953 furchtbar erregt und negativ darüber geschrieben, was aber verboten worden war. Leider habe der Brecht dagegen nichts unternommen. Als wir uns verabschiedeten, sagte sie zu mir: ›Glauben Sie mir, die Mauer wird eines Tages fallen.‹ Helene Weigel starb 1971.«

Auch wenn das Publikum nicht nur aus Prominenten bestand, Fliegen war für viele Reisende von oder nach Berlin kein Luxus, sondern Notwendigkeit, wenn sie aus dem einen oder anderen Grund nicht durch die – wie man damals sagte – Zone reisen konnten oder durften.

»Berlin–Hannover war die billigste Strecke. Die wurde stark von solchen Passagieren frequentiert. Es gab ja noch kein Transitabkommen. Wir hatten teilweise für Hannover Wartelisten von 50 bis 100 Personen. Aber Massentourismus, wie heute, gab es noch nicht. Es war eben eine andere Zeit, und auch der Umgang unter den Kollegen war ein anderer. Wir waren wie eine große Familie. Ob es nun die Ansagerin war, der Zoll oder Kollegen von anderen Fluggesellschaften, man kannte sich eben und hat auch mal nach Feierabend zusammengesessen und ein Bier getrunken. Schon die Konstruktion des Flughafens ist ja eine andere. Auf Tempelhof hat man jeden gesehen, sobald er die Treppe in die Haupthalle hinunterkam. Es war alles offen einsehbar. Und man erkannte seine prominenten und weniger prominenten Passagiere schon von Weitem.«

Darunter gab es aber auch einige, wie sich Horst Wachholz erinnert, die eher skurril waren.

Maria Callas in Berlin. Ankunft auf dem Flughafen Tempelhof am 22. Oktober 1959.

»Immer rechtzeitig zum Abflug erschien eine sehr elegant gekleidete Dame, Frau Kaufmann. Ihre Lieblingsfarbe war anscheinend Blau. Sie genoss den Flughafen und die Abfertigungsprozedur. Frau Kaufmann kaufte ein Ticket nach Düsseldorf – immer nur one-way – und verlangte möglichst einen Sitz in der ersten Reihe. Aber wenn dann die Flugzeugtür geschlossen werden sollte, erhob sie sich, stieg ebenso genussvoll wieder aus und ließ sich den Flugpreis erstatten. Etwa beim zehnten Mal nahmen wir ihr kein Geld ab und gaben ihr die Bordkarte ohne Flugschein. Diesmal aber blieb Frau Kaufmann sitzen! Danach sahen wir sie nie wieder.

Es gab auch andere Flughafenfans. Ein immer seriös in Schwarz gekleideter älterer Herr mit weißen Handschuhen kaufte sich stapelweise Postkarten mit Flugzeugmotiven. Er bat

Auch Ella Fitzgerald macht 1960 auf ihrer Europatournee in Berlin Station.

uns dann innigst, ihm darauf Autogramme von den Flugkapitänen zu besorgen. Aufgeregt wartete er, ob es auch klappen würde. Manchmal schrieben wir einen längeren Text selbst, um ihn noch mehr zu erfreuen.

Im Durchschnitt einmal wöchentlich fotografierte uns Herr N. aus Lichtenrade. Er kannte sämtliche Flughafenangestellten namentlich. Alle Aufnahmen klebte er fein säuberlich in Fotoalben. Es wäre interessant, diese Alben heute einmal durchzublättern.«

Fan von Tempelhof war schon in den Fünfzigerjahren ein kleines Mädchen, deren Geschichte seitdem eng mit Tempelhof verbunden ist. Gabriele Helbig kam nicht, um zu fliegen, sie interessierte sich für etwas ganz anderes.

»Schon als kleines Mädchen, ich war vielleicht acht Jahre alt, habe ich herausgefunden, dass sich die Leute auf Flug- oder

Bahnhöfen nicht normal benehmen. Sie sind anders: großzügiger, aufgeschlossener, netter.«

Und das hat die Kleine für sich geschickt ausgenutzt.

»Ich war ja schon so alt, dass ich alleine mit öffentlichen Verkehrsmitteln fahren durfte, und da habe ich mich manchen Nachmittag nach Tempelhof aufgemacht.

Man konnte, dort ja niemanden verfehlen, weil alle ankommenden Passagiere aus einer einzigen Tür in die Haupthalle kommen. Und das habe ich schamlos ausgenutzt, indem ich mich, tragisch guckend, an diese Tür stellte und die Menschen an mir vorbeigehen ließ. Mit meinen großen Kulleraugen habe ich dann so lange dagestanden, bis mich ein Passagier ansprach. Und es klappte immer, dass eine nette Seele mich fragte: ›Na, was hast du denn?‹

Und dann erzählte ich haarsträubende Geschichten, wie: ›Mein Papa ist hier vor einiger Zeit weggeflogen, und ich komme immer wieder hierher, um zu sehen, ob er wiederkommt.‹ Und dazu schaute ich ganz traurig, bis die Leute weiterfragten. Dann erfuhren sie von mir, dass ich ein armes Kind aus zerrütteten Verhältnissen war. Ihr Mitleid war dann mein Lohn. Ein Eis oder eine Cola waren immer drin. Das hat unglaublich gut geklappt«, lacht sie.

Ist es denn niemandem aufgefallen, dass Klein-Gabriele zum Stammgast auf Tempelhof geworden war?

»Ja, einigen von der Pan Am ist es aufgefallen, weil ich in der Nähe ihrer Schalter stand. Angesprochen haben sie mich nicht, aber ich habe mich dann doch sehr beobachtet gefühlt und eine Pause eingelegt.

In der Zwischenzeit bin ich auf den Bahnhof gegangen, aber das lief nicht so gut. Tempelhof war besonders gut geeignet, weil eben alle Passagiere durch diesen Schlauch in die Halle mussten.«

Jahre später, sie war inzwischen erwachsen und für die Friedrich-Naumann-Stiftung tätig, begann dort für sie eine – im Nachhinein – ebenfalls höchst amüsante Geschichte.

Wie Gabriele Helbig schon sagte, verpassen konnte man auf Tempelhof niemanden. Alle Passagiere kamen durch eine Tür in die Halle. Sie hat das Kunststück trotzdem fertiggebracht.

»Das war Mitte der Siebzigerjahre. Ich war zuständig für den Bereich der internationalen Seminare, deren Teilnehmer Englisch sprachen. Die Kollegin, die für die französischen Gäste zuständig war, bat mich, für sie eine Gruppe Politiker aus dem Kongo in Tempelhof abzuholen. Sie würden nur Französisch sprechen und seien daran zu erkennen, dass sie zu sechst aufträten und sehr, sehr schwarz wären. Kein Problem für mich – dachte ich. Ich holte sechs sehr schwarze, französisch sprechende Männer ab, brachte sie zum Tagungshotel, leistete ihnen bei einem sehr guten Essen Gesellschaft und freute mich, wie sie sich freuten. Kommunikation mit Blicken und Lächeln, ansonsten eher gar nichts. Beim Kaffee kam jemand von der Rezeption mit Anzeichen von Panik ins Restaurant. Sechs sehr schwarze, französisch sprechende Männer waren mit der Taxe gekommen und konnten sie nicht bezahlen … ich hatte Teile einer Basketballmannschaft abgegriffen, die schon beim eher schlichten Essen in ihrer Jugendherberge vermisst wurden.«

Wie viele Prominente die Ankunftshalle durchschritten haben, wie viele Reporter dabei ihre Bilder schossen – nicht einmal die Historiker dürften sie gezählt haben. Meist dürfte der Flughafen auch nur Kulisse für die üblichen Fotos gewesen sein: Ein bisschen posieren auf der Gangway, etwas Gedrängel der Fotografen, noch eine Pose vor der Maschine, ein paar kurze Statements – das war es – meistens. Von einem Besuch ist dagegen mehr überliefert. 1956 ging der amerikanische Schauspieler John Wayne für seinen neuen Film »Der Eroberer« (The Conqueror) auf eine weltweite Promotion-Tour.

Wayne spielte ausnahmsweise nicht den kantigen Westernhelden, sondern den Mongolenfürsten Dschingis Khan, den asiatischen Eroberer. Für die Produktionsfirma RKO und Howard Hughes war der Film mit einem Budget von 6 Millionen Dollar die bis dahin teuerste Produktion, und die sollte sich durch einen

Eines der wenigen Fotos, das John Waynes Besuch in Berlin dokumentiert – natürlich symbolhaft am Brandenburger Tor.

weltweiten Einsatz des Films möglichst mehr als amortisieren. In Paris, London und Rom sollte Wayne zu den Premieren auftreten und in West-Berlin. Hatte John Wayne den alten Kontinent noch per Schiff erreicht, startete er nach Berlin per Flugzeug.

»Vom Flughafen in Frankfurt am Main hob gegen 19:30 Uhr eine DC-6B in Richtung Berlin ab, mit John Wayne und seinen Begleitern an Bord. In West-Berlin, am Donnerstag, dem 26. Januar 1956, landete er um 20.40 Uhr mit 15 Minuten Verspätung auf dem Flughafen Tempelhof und betrat erstmals Berliner Boden. Für rund eine Stunde befand sich Tempelhof im Ausnahmezustand; zahllose Fans erwarteten den Filmstar. Wayne, der ein dunkelrot kariertes Sporthemd trug, winkte den begeisterten Berlinern freundlich zu. Hier erwartete ihn ein ganz besonderes deutsches Empfangskomitee. Neben zahlreichen Kinofans, einem Heer von Foto- und Pressereportern, amerikanischen und deutschen Filmvertretern empfing ihn auch eine Militärkapelle musikalisch. Dazu wurde der ›Duke‹ aber auch von Mitgliedern des Berliner Cowboyklubs begrüßt, ebenso von der Berliner Karnevalsprinzessin Inge Wachs, der Miss Berlin 1955, Gitta Gorzelanny (geb. 1938), sowie den Schöneberger Sängerknaben, welche ihm das Lied ›Ham se nich'n Abziehbild von der Stadt Berlin‹ sangen. Wayne erhielt sogleich einen großen Berliner Teddybären geschenkt, ein Präsent der Sängerknaben, den er fest in seinem Arm trug. Besonders in Erinnerung sollte Wayne aber der Auftritt des Cowboyklubs bleiben, denn er wurde in eine indianische Stammeszeremonie eingebunden. Dafür verantwortlich war eine Gruppe von Amerikanern, die ursprünglich aus Texas stammten, indianische Vorfahren hatten, nun in West-Berlin lebten und ihn mit vollem Federschmuck und allem Drum und Dran begrüßten. … Der Wagen, der John Wayne nach einer Stunde in die Stadt fuhr, stand unmittelbar an dem Flugzeug für ihn an der Landebahn bereit. Eine Polizeieskorte, wie ursprünglich von RKO (der Produktionsfirma) angefordert, erhielt der amerikanische Filmstar vom Berliner Senat allerdings nicht genehmigt.«

Moderne Technik: Erste Jets und die Präzisionsarbeit Luftkorridor

Die Entwicklung moderner Flugzeuge setzt Mitte der fünfziger Jahre zum Quantensprung an: Die Ära der Propellermaschinen geht zu Ende. Düsenbetriebene Maschinen drängen auf den Markt. Ihre Vorteile liegen auf der Hand. Sie sind nicht nur schneller, sondern tragen auch eine höhere Nutzlast, können also mehr Passagiere und Fracht befördern. Aber sie haben – jedenfalls für Tempelhof – auch einen entscheidenden Nachteil: Weil ihre Startgeschwindigkeit höher ist als die der Propellermaschinen, benötigen die neuen Jets längere Start-, aber auch Landebahnen. Außerdem entwickeln die Hersteller – vor allem Boeing und Douglas – ständig größere und damit schwerere Maschinen.

Diese technische Entwicklung droht Tempelhof zeitweise an den Rand zu drängen. Seine vielgepriesene Lage als innerstädtischer Airport verhindert einen notwendigen Ausbau der Rollbahnen. Die Wohngebiete an der Ost- und Westseite des Geländes stehen im wahrsten Sinne des Wortes dagegen. Anders sieht die Lage beim Konkurrenten Tegel aus, der über genügend Umland zum Ausbau verfügt. Schon im Februar 1960 landet hier die erste Caravelle der Air France. Erst vier Jahre später, im Dezember 1964, hält das Düsenzeitalter auch auf Tempelhof Einzug. Zunächst erst einmal zur Probe landet eine Boeing 727 der Pan Am – ein neuer dreistrahliger Jet, der speziell auch für Flughäfen mit kürzeren Start- und Landebahnen entwickelt wurde. Bis zum regelmäßigen Einsatz im Linienverkehr dauert es dann aber noch bis zum April 1966. Und auch die andere verbliebene große Fluggesellschaft, die BEA, zieht nach. Sie setzt ab 1969 die zweistrahlige BAC Super One-Eleven ein.

Ein Pilot, der gerade aus Liebe und Interesse an dieser Maschine damals in den Berlin-Verkehr einstieg, ist John Webb.

1960 saß er das erste Mal in einem Cockpit. Zwei Jahre später flog er die ersten Passagiere, 1996 die letzte Route. Ein Jumbo-Pilot wird eben mit 55 Jahren in Rente geschickt. Zwischen

1968 und 1973 gehörte er zu den Piloten der BEA, die von Westdeutschland aus Tempelhof anflogen.

Er hat es nicht nachgezählt, aber zwischen 6000 und 7000 Starts und Landungen werden es allein auf Tempelhof gewesen sein. Nachdem John Webb ein ganzes Pilotenleben lang die Flughäfen dieser Welt kennengelernt hat, stellt sich wie selbstverständlich die Frage nach dem Besonderen an Tempelhof.

»Wie soll ich das erklären? Die Piloten der BEA, die vor mir noch auf der Vickers Viscount Tempelhof angeflogen haben, waren so etwas wie eine einzigartige Familie. Die Piloten blieben auf der Strecke und wechselten lieber den Flugzeugtyp, wenn die Flotte modernisiert wurde, nur um weiter Berlin anfliegen zu können. Es waren die ›*berlin barons*‹, wie wir sie nannten, oder ›*mark millionaires*‹. Das Leben war schon durch den guten Umtauschkurs damals sehr angenehm für sie und die Arbeit nicht so hart. Ich wollte in diesen Verein aufgenommen werden. Tempelhof, den Flugplatz, kannte ich damals nur dem Namen nach, und ich war neugierig. Aber noch viel wichtiger war für mich, dass die BEA auf dieser Strecke die BAC-111 einsetzte, und die reizte mich. Ich wollte weg von den Propellermaschinen und Jets fliegen.«

Aber beeindruckt hat ihn dann, wie alle anderen Piloten auch, die Konstruktion des Terminals mit dem großen Dach, unter das seinerzeit die Maschinen noch alle rollen konnten und unter dem die Passagiere bei jedem Wetter trocken in und aus der Maschine kamen.

Und dann hat ihn bald die Stadt in ihren Bann gezogen.

»In Berlin zu sein war herrlich, eine Weltstadt, 24 Stunden am Tag geöffnet. Da gab es Theater, Kunst, Parks, den Wannsee und nicht zuletzt nette Mädchen.

Wir als BEA-Angestellte waren in Berlin gut versorgt. Nicht nur, dass wir von unseren Spesen immer ein paar Mark sparen konnten. Unsere Pilotenpartys waren legendär. Wir hatten Segelboote in Berlin liegen und drei Volkswagen zu unserer Verfügung.

Wenn man abends ausgehen wollte, musste man nur den Sprit bezahlen. Das kostete uns umgerechnet nur Pennies. Und wenn man wollte, konnte man auch seine Frau mitnehmen. Für sie waren das fünf Tage Ferien zum Shoppinggehen. Den Service, den uns die BEA in Berlin bot, gab es sonst nirgendwo auf dem Kontinent.«

Wie wurden die Piloten auf den nicht einfachen Anflug auf Tempelhof vorbereitet? Gab es damals dafür schon ein Simulator-Programm?

»Nein, nicht für Tempelhof. Soweit war die Simulator-Technik damals noch nicht entwickelt. Man musste sich schon direkt vor Ort anschauen, wie es vor sich geht. Ich flog also erst einmal bei Kollegen mit, bevor ich dann selbst auf Tempelhof landete. Es gibt Flughäfen, wie auf Sylt, die durch ihre Lage schwierig sind, Tempelhof hatte mehr die Schwierigkeit, dass man sich sehr genau an Vorschriften und Anweisungen halten musste. Die Rolle des Fluglotsen war dabei erheblich. Dem musste man unbedingt Folge leisten. Doch im Falle einer schnellen Entscheidung, die nur der Kapitän an Bord alleine treffen konnte, musste er darauf achten, sehr präzise zu fliegen, um nicht Ost-Berliner Luftraum zu verletzen …

Zu meiner Zeit hat jeder Pilot vier bis fünf Touren geflogen. Das war das Maximum, was man zu dieser Zeit als Jetpilot leisten konnte. Man startete in Hamburg oder Bremen, flog den Tag über und übernachtete dann entweder in Berlin oder in einer westdeutschen Stadt.

In Berlin haben wir zunächst im Kempinski gewohnt, später im heutigen Intercontinental in der Nähe des Zoos. Nur die Pan-Am-Piloten wohnten direkt in Berlin. Die hatten es ja auch weiter nach Hause. Wir hatten relativ wenig Kontakt mit ihnen. Abgesehen vielleicht von ein paar Tennisspielen.«

Mit den anderen Fluggesellschaften – auch wenn sie ja zu dritt das Monopol auf den zivilen Flugverkehr hatten – stand man in einem sportlichen Wettbewerb.

»Wir haben alle versucht, immer etwas schneller rauszukommen oder beim Anflug vor der Pan Am die Landeerlaubnis zu bekommen.

Wenn man sich die alten Flugpläne ansieht, stellt man fest, dass sehr viele Flüge am Morgen und dann wieder am Abend abgingen. Wir Piloten hatten dementsprechend eine Früh- beziehungsweise eine Spätschicht. So konnte es passieren, dass man viermal die Strecke Tempelhof–Hannover flog und zum zweiten Frühstück in Berlin frei hatte. Bei der Spätschicht war Arbeitsbeginn so um 5 Uhr nachmittags. Begonnen haben wir unsere Berlin-Trips mit einem Flug von London nach Berlin mit der BAC-111. Dieser Flugzeugtyp wurde sonst für keine andere Destination von London aus eingesetzt. Und nach fünf Tagen kamen wir auch so wieder nach Hause …

Etwas erscheint mir noch ganz wichtig: Für den Krisenfall standen immer Piloten der Royal Air Force bereit, die qualifiziert waren, unsere Maschinen zu fliegen, und auch mit den Luftkorridoren von und nach Berlin vertraut waren. Wäre es zu einer Krise um Berlin gekommen, wären wir BEA-Piloten zu Hause geblieben, und sie hätten unseren Job gemacht.«

Kam es jemals zu Zwischenfällen während Ihrer Flüge im Korridor?

»Nein, ich erinnere mich nicht. Die Korridore waren 10 Meilen breit, halb so breit wie eine normale Luftstraße. Und man musste eine bestimmte Höhe einhalten, die aber von Zeit zu Zeit unterschiedlich sein konnte. Wenn sie im Osten Manöver abhielten, konnte es passieren, dass wir angewiesen wurden, höher zu fliegen, weil die Militärs den Luftraum unter uns für ihre Maschinen brauchten. Man durfte den Korridor grundsätzlich nicht verlassen. Es gab nur eine Ausnahme: *weather emergency*. Das hieß zum Beispiel, dass es so stürmte, dass man den Kurs im Korridor nicht mehr halten konnte. Ich habe zweimal wegen *weather emergency* den Korridor verlassen. Aber die Luftkontrolle hat uns ja genau per Radar beobachtet und schon vorgewarnt, wenn man sich der Grenze des Korridors auf eine halbe Meile genähert hat.«

Durch die Korridore gelotst wurden alle Maschinen seit Februar 1946 von der Vier-Mächte-Luftsicherheitszentrale,

1964. Martin Luther King wird auf Tempelhof willkommen geheißen.

die für die Kontrolle des Luftraums von Groß-Berlin und der drei Korridore verantwortlich war. Was war aber, wenn eine Maschine sich im Korridor befand und notlanden musste? Das ist zwar nie vorgekommen, aber gab es für solche Fälle Notpläne?

»Bevor man von Westdeutschland in den jeweiligen Korridor einflog, musste man sich eine Freigabe erbitten. Diese Freigabe kam aus Berlin von der Alliierten Luftsicherheitszentrale. Gab es die Freigabe nicht, bevor man ein bestimmtes Funkfeuer im Westen überflog, gab es eine Regelung, der man folgen musste. Die sah vor, dass der Pilot entweder zu seinem Ausgangsflughafen zurückfliegen musste oder – falls der Funkverkehr aus irgendeinem Grunde unterbrochen war – man in einem Warteraum kreisen musste. Auf keinen Fall war es gestattet, ohne Freigabe in den Korridor zu fliegen. Nach der Freigabe musste man zudem den Korridor in einer bestimmten Anzahl von Minuten erreichen. Also, wenn ich das Funkfeuer erreichte und beispielsweise die Freigabe für 18.30 Uhr erhielt, musste ich den Korridor zwischen 18.29 Uhr und 18.32 Uhr erreichen. So ungefähr waren die Zeiten. Es musste sehr schnell gehen. Alle Flugmanöver wurden mit Radar von den sowjetischen beziehungsweise den DDR-Behörden überwacht. Alle Regelungen waren eindeutig. Es gab keine Chance für ein Missverständnis.

Für den Fall einer Notlandung hatte niemand eine Regelung vorgesehen. Im Ernstfall war nur eine 180-Grad-Kurve vorgesehen und der schnellstmögliche Rückflug nach Westen. Vor der Wende war nur noch festgelegt, dass man 1000 Fuß runterzugehen hatte. Aber im schlimmsten Fall hätte es nichts gegeben, was uns gehindert hätte, in Leipzig oder Schönefeld notzulanden. Nur, was dann vielleicht mit einigen der Passagiere passiert wäre, weiß ich nicht. Viele sind ja bewusst geflogen, weil sie in Ostdeutschland nicht sehr willkommen waren. Also politisch wäre eine solche Landung problematisch gewesen. Aber wenn es um Leben und Tod geht, ist Politik Nebensache. Als Kapitän trägt man die Verantwortung für Leben und Sicherheit der Passagiere.

Aber in der Praxis waren die Maschinen nach dem Krieg so verlässlich und sicher, dass ich mich hätte entschließen können, im Notfall wirklich umzukehren. Denn auf den Flughäfen im Westen waren ja auch die notwendigen Einrichtungen, die Maschine zu reparieren. Soweit ich weiß, hat es auch nie Notlandungen im Osten geben müssen. Mit dem Flugzeugtyp, den die BEA auf den Strecken nach Berlin zu meiner Zeit einsetze, die BAC-111, gab es nie einen Zwischenfall, und wir haben auch keine einzige verloren. Erreichte die Maschine Berlin, wurde von den Lotsen auf Tempelhof übernommen.

Die Führung durch die Luftkontrolle war sehr genau. Und in Berlin wurde immer die neueste Technik am Boden eingesetzt. Die Art und Weise, wie wir Tempelhof anflogen und zur Landung eingewiesen wurden, war mit der auf an deren zivilen Flughäfen nicht vergleichbar. Es war typisch militärisch. Sie haben uns zum Boden ›runtergesprochen‹, unseren Kurs dabei ständig korrigiert.

›Jetzt etwas rechts eindrehen, links eindrehen, 10 Fuß hoch, 10 Fuß runter …‹ Das fand man auf keinem anderen Flughafen, war aber eine gute Erfahrung. Das waren Jungs von der US Air Force auf Tempelhof. Die haben einen immer und überall runtergelotst. Und wenn wir eine Pilotenparty in Berlin gehabt haben, dann sind an diesem Abend auch alle auf Tempelhof gelandet – egal, wie das Wetter war.«

An dramatische Zwischenfälle auf dem Weg von oder nach Tempelhof erinnert sich John Webb nicht. Genauer nur an eine Geschichte, und er erzählt sie mit typischer britischer Coolness.

»Ich war noch Kopilot, als ich beim Start auf Tempelhof meine erste Explosion eines Triebwerks erlebte. Wir hatten gerade die Startgeschwindigkeit erreicht, als eine der beiden Düsen hochging. Alle Instrumente fielen auf null, und wir rasten mit der anderen Düse weiter die Startbahn entlang. Wenn wir die Maschine jetzt nicht zum Halten brachten, war der große Knall da. Und ich sage zu meinem Piloten: ›Glauben Sie, wir kriegen sie zum Stehen?‹

Und er dreht sich zu mir und sagt: ›Ich sag' es Ihnen in einer Minute.‹«

Die Geschichte ist gut ausgegangen, wie alle anderen dieser Art seit vielen Jahrzehnten. Abgesehen von den Flugunfällen während der Luftbrücke hat es auf Tempelhof keinen schweren Unfall mehr gegeben.

»Luftkontrolle und Fluggesellschaften haben beide auf Tempelhof mit der Präzision eines Uhrwerks gearbeitet. Daran liegt es wohl, dass dort so wenig passiert ist. Das größte Problem war, dass die Passagiere in die falsche Maschine eingestiegen sind. So was ist öfter mal passiert. Das lag vielleicht auch daran, dass die Maschinen einer Gesellschaft alle gleich aussahen. Und im Gegensatz zu heute gab es damals auch noch keine Probleme mit Passagieren, die sich betranken oder sonst schlecht benahmen. Das wurde erst in späteren Jahren ein Problem. Da flog ich aber nicht mehr Tempelhof an.«

Doch es gab ein anderes Problem für die BEA und die anderen Fluggesellschaften. Der wachsende Luftverkehr sorgte für immer mehr Fluglärm, und nicht alle Berliner waren bereit, den einfach hinzunehmen. Waren sie verständlicherweise während der Luftbrücke für jedes Motorbrummen dankbar gewesen, gab es jetzt Beschwerden. Besonders die BAC-111 und die Boeing 727 der Pan Am standen im Kreuzfeuer der Kritik. John Webb erinnert sich, wie die British European Airways versuchte, Abhilfe zu schaffen.

»Nach dem Start stiegen wir sehr schnell mit voller Kraft auf 1500 Fuß, das sind 500 Meter, und dann nahmen wir den Schub zurück, um den Fluglärm über der Stadt zu verringern. Vorher hatten wir mit verschiedenen Starttechniken experimentiert, um den Lärm einzuschränken. Aber durch die relativ kurzen Startbahnen konnten wir nicht viel ausrichten. Wir mussten mit voller Kraft starten, um rechtzeitig die vorgeschriebene Startgeschwindigkeit zu erreichen. Erst über der DDR gaben wir dann wieder Schub, um weiter steigen zu können. Das war eine der Methoden. [...]

Nach Tempelhof einzufliegen war eine Freude, und es war eine sehr familiäre Atmosphäre. Und unser Kabinenpersonal, wir hatten ungefähr 80 bis 90 Mitarbeiter, sah das genauso. Es gab kaum Fluktuation. Selbst wenn Stewardessen gingen, um ein Baby zu bekommen, kehrten sie nach gewisser Zeit zurück. Es war alles ein bisschen wie eine große Familie.«

Staatsbesuch. US-Präsident Nixon kommt im Februar 1969 mit Bundeskanzler Kiesinger nach West-Berlin.

John Webb verließ die große Familie, als British European Airways beschloss, die BAC-111 aus dem Berlin-Verkehr zu nehmen.

»1978 bin ich Jumbokapitän geworden, bin Überseestrecken geflogen und um die ganze Welt gekommen. Zum Schluss die 747-400, die statt der alten Instrumente nur noch Monitore im Cockpit hat. Zusammen mit einem Co-Piloten habe ich dann auf einem Flug 500 Passagiere an Bord gehabt.«

Und dann kommt er doch noch einmal auf Tempelhof zu sprechen.

»Für mich war es immer interessant, aus dem Fenster zu sehen, wenn wir uns über Ost-Berlin zum Landeanflug auf Tempelhof anschickten. Es gab einen großen Unterschied zu West-Berlin. Im Osten hat man kaum Autos auf den Straßen gesehen. Dafür war die Mauer gut zu erkennen. Besonders bei Nacht. Obwohl die Lichter nach unten gerichtet waren und den Todesstreifen beleuchtet haben. Es war sehr eindrucksvoll den Unterschied zwischen den beiden Stadtteilen zu sehen.«

Immer gewappnet:
Die Bedeutung bleibt, solange die Teilung besteht

Immer wieder nach Berlin kam auch Gail Halvorsen, der seit den Monaten der Luftbrücke wohl bekannteste Pilot in Berlin. 1969, zum zwanzigsten Jahrestag der Luftbrücke, erinnerten sich viele der Kinder von damals, die Gail Halvorsen beschenkt hatte, an den »Candy-Bomber«. Inzwischen selbst erwachsen, ergriffen einige die Initiative, suchten und fanden ihn in der US Air Force. Und sie schlugen ihm vor, wieder über Berlin zu fliegen und nun für ihre Kinder Fallschirme abzuwerfen. Gail Halvorsen stimmte sofort zu. Zwei Tage lang, im Juli 1969, war der »Candy-Bomber« noch einmal im Einsatz.

»Viele Berliner waren begeistert und fragten bei der Air Force an, ob ich nicht der neue Kommandant von Tempelhof werden könne. Zu der Zeit arbeitete ich als Luftfahrttechniker am Weltraumprogramm mit, aber die Air Force ging auf den Vorschlag ein. Als Oberst war ich auch militärisch qualifiziert dazu. Und so schickten sie mich 1970 wieder nach Berlin. Die Berliner Zeitungen berichteten damals ausführlich über meinen Amtsantritt, und viele, viele Berliner Kinder, die während der Blockade meine Fallschirme aufgesammelt hatten, luden meine Frau und mich zum Abendessen ein. Wir hätten uns für die vier Jahre meines Kommandos durchfuttern können. Aber das war natürlich unmöglich. In diesen Jahren war man als Kommandant von Tempelhof nicht nur tagsüber im Einsatz. Die Mauer stand ja noch, und wenn es zum Beispiel Zwischenfälle gab, musste ich mich kümmern. Und dann hatte der Kommandant von Tempelhof auch jede Menge gesellschaftliche Verpflichtungen in West-Berlin. Um aber auch den Kontakt zu den Bürgern der Stadt zu halten, luden wir die Berliner zu unserem ›Open House‹ auf den Flughafen ein.«

Und dann erinnert sich Gail Halvorsen an die vielleicht vier schönsten Jahre seiner Offizierskarriere.

»Als Commander von Tempelhof hatte ich sehr interessante Aufgaben. Eine der wichtigsten war, sicherzustellen, dass dieser

Flughafen aus dem Stand heraus auf eine neue Blockade reagieren könnte. Sollten die Sowjets wieder die Versorgung West-Berlins unterbrechen wollen, so war es meine Aufgabe, dass wir auf Tempelhof reagieren konnten. Wir hatten unter anderem Pläne vorbereitet, woher wir die notwendigen Lkws beschaffen konnten, wie das Entladepersonal zu rekrutieren sei, hielten Gerät zum Entladen bereit, und wir hatten reichlich Treibstoffreserven angelegt. Während der Blockade '48 konnten wir die Maschinen auf Tempelhof nicht auftanken, denn das hätte bedeutet, noch einmal extra Kraftstoff einzufliegen.

Wir haben immer wieder geprobt, ob unsere Kommunikation funktioniert. In den Siebzigerjahren verfügten die Sowjets über technische Einrichtungen, unseren Funkverkehr zu stören. Sie wären in der Lage gewesen, unsere Kommunikation zu unterbrechen. Deswegen hatten wir besondere Kommunikationseinrichtungen geschaffen, die ihre Störversuche überwinden konnten. Und sie haben immer versucht herauszufinden, welche das waren.«

Trotz Viermächteabkommen und deutsch-deutschem Grundlagenvertrag blieb man immer gewappnet.

»Wir haben nie gesagt, alles sei in Ordnung. Wir hatten immer auf den schlimmsten Fall vorbereitet zu sein. Während meiner Dienstzeit fanden ja die Viermächteverhandlungen über Berlin statt. Und Tempelhof war auch dafür ein wichtiger Ort. Wir hielten Einrichtungen bereit, in denen sich die westlichen Diplomaten treffen konnten. Wir hatten einen besonders gesicherten Raum, wo sie sich treffen und ihre Diskussionen führen konnten. Manchmal kamen auch einige Russen dazu, ich weiß aber nicht, wie hochrangig die waren.

Das war eine sehr interessante Aufgabe, die ich hatte. Mir hat sie sehr gefallen. Die Leute auf Tempelhof waren wundervoll. Und wir hatten andere Kommandos in der Stadt, mit denen wir bei bestimmten Aufgaben zusammenarbeiteten und die im Ernstfall aktiviert worden wären. Ich habe die Jahre in Berlin sehr genossen.«

Und auf Deutsch sagt er fast ohne Akzent: »Berlin ist meine zweite Heimat!«

Was unterschied das Kommando von Tempelhof von dem eines anderen Luftwaffenstandortes?

»Es gab seinerzeit keine andere Air Force Base weltweit, die mit Tempelhof vergleichbar war. Vor allem, weil die Berliner so nett waren. Sie waren dankbar, dass wir Amerikaner da waren. Und zweitens lebten wir sehr gut da. Als Commander stand mir ein Mercedes-Benz mit Fahrer zur Verfügung. Einem anderen General wird so etwas kaum geboten. Wir lebten in einem schönen Haus in Dahlem. Nie zuvor hatte ich so ein Haus und werde es wohl auch nie wieder haben. Natürlich waren wir in West-Berlin vom Westen getrennt, und das Reisen war mühsamer als sonst. Aber es war eine phantastische Zeit.«

Tempelhof war ja in diesen Jahren auch noch Zivilflughafen. Gab es zwischen dem zivilen und dem militärischen Flugbetrieb Probleme?

»Eigentlich lief alles reibungslos. Ich erinnere mich nur, dass es von den Anwohnern Klagen über den Lärm der BAC-111 der British Airways gab. Aber die Boeing 727, mit der Pan Am Tempelhof anflog, war ebenfalls etwas laut. Kurz, es gab Beschwerden über den Fluglärm. Aber die kamen nicht von den Berlinern, die die Blockade miterlebt hatten. Die sagten uns: ›Wir freuen uns, wenn wir eure Flugzeuge hören!‹« Er lacht.

»Ansonsten hatten wir ein gutes Verhältnis zu den zivilen Fluglinien auf Tempelhof. Und mit dem Vertreter der FAA, der US-Luftfahrtbehörde, der für den zivilen Flugverkehr zuständig war, habe ich eng und gut zusammengearbeitet.«

Was denkt Gail Halvorsen über die Schließung von Tempelhof?

»Ich hasse den Gedanken, dass Tempelhof geschlossen werden soll. Es ist ein so geschichtsträchtiger Ort. Und der Terminal ist, neben der Chinesischen Mauer, eines der wenigen Dinge von Menschenhand, die man aus dem All erkennt. Und es ist von solcher Bedeutung für das Überleben von Berlin. Hätte es

Erst im März 1962 wird der schwere Bronzeadler über dem Haupteingang demontiert.

Tempelhof und die Luftbrücke nicht gegeben, die Geschichte sähe heute anders aus. Denn Stalin wollte nach Westen, aber West-Berlin hat nicht aufgegeben.« Gail Halvorsen ist ein sehr bescheidener, leiser Mann, und darum vergisst er auch bei diesem Gespräch nicht zu sagen, was er immer sagt, wenn er von seiner Zeit als »Candy-Bomber« spricht, die ihn in Berlin und weit darüber hinaus berühmt gemacht hat.

»Ich bin nur Stellvertreter für die Tausenden von Piloten und Bordmannschaften der Alliierten, die die Luftbrücke geflogen haben. Und neben uns gab es noch so viele, die am Boden dafür gesorgt haben, dass wir fliegen – und die Luftbrücke wahrmachen konnten.«

1974, im Jahr von Halvorsens Abschied von Tempelhof, wird auf Tegel der neue Terminal feierlich eröffnet. Und zum 1. Juli 1975 wird der gesamte zivile Flugverkehr von dort abgewickelt. Tempelhof muss sich nun mit der Rolle als Militärflughafen der US Air Force begnügen.

Trotzdem blieb die Bedeutung der Anlage erhalten, denn die deutsche Spaltung bestand weiter und erforderte eine Sicherung des Flugverkehrs von und nach Berlin, die nur die Alliierten gewährleisten konnten. Tempelhof bekam eine neue Bedeutung: Private Unternehmungen flogen Tempelhof an, und in dieser Marktlücke, die die Liniengesellschaften hinterließen, konnte die weitere Existenz des Flughafens gesichert werden. Und Tempelhof blieb weiter der Zielflughafen deutscher Bundespräsidenten und Bundeskanzler. Während nämlich Bundestagsabgeordnete und Minister Berlin per Linie anflogen und auf Tegel landeten, flogen die ranghöchsten bundesdeutschen Politiker Berlin gewöhnlich mit amerikanischen Militärmaschinen und landeten auf Tempelhof. Das gebot der besondere Status von West-Berlin. Dabei wäre es im Sommer 1989 beinahe zu einer Katastrophe gekommen, wie Helmut Kohl in seinem Buch zur deutschen Einheit berichten lässt:

»Am Nachmittag des 22. August fliegt Kohl nach Berlin, um im Reichstagsgebäude ein Symposium zu eröffnen. An der Veranstaltung aus Anlass des Kriegsbeginns vor fünfzig Jahren nehmen Historiker aus ganz Europa teil. ›Als wir am darauffolgenden Morgen mit einer Maschine der amerikanischen Luftwaffe von Tempelhof in Richtung Bonn starteten, wären wir beinahe abgestürzt‹, erinnert sich der Kanzler. Eine Krähe ist ins Triebwerk geraten. Die zweistrahlige C-21 mit Helmut Kohl, der Leiterin seines persönlichen Büros Juliane Weber und seinem stellvertretenden Büroleiter Stephan Eisel an Bord ist nach dem Start schon etwa zwei- bis dreihundert Meter hoch in der Luft, als es plötzlich einen explosionsartigen Knall gibt. Im rechten Triebwerk ist ein faustgroßes Loch – Vogelschlag. Mit Glück und Können gelingt es dem US-Piloten, die Maschine unter Kontrolle zu bringen und in Tempelhof notzulanden. Mit einem Linienjet kehrt der Kanzler von Tegel aus nach Bonn zurück.«

Und dann kam der 9. November 1989, der Fall der Mauer und die Auflösung der hochgesicherten Grenze zwischen Ost und West. Der Flugverkehr von und nach Berlin stieg sofort sprunghaft an. Am 3. Oktober 1990 ging die Lufthoheit über Berlin an die deutschen Behörden, die nun zum ersten Mal seit 1945 volle Souveränität auch in der Luft erhielten.

Die Zunahme des Luftverkehrs führte zu einer Reaktivierung des Flughafens in Tempelhof, da Tegel an die Grenze seiner Kapazität stieß. Im Dezember 1990 wird die Anlage reaktiviert, kleine und mittlere Fluggesellschaften, die im Kurz und Mittelstreckenverkehr arbeiten, lassen sich in Tempelhof nieder. 1993 zieht die US Air Force aus dem Flughafen aus, bereits 1992 war die Flugsicherung in deutsche Hände übergegangen. Der Flughafen erlebt einen plötzlichen Wiederaufstieg. Aber nun treten neue Probleme auf, denn neue Konkurrenten zeigen sich. Die deutsche Einheit macht Berlin wieder zu einem Drehkreuz des nationalen und internationalen Flugverkehrs. In diesem Drehkreuz spielt Tempelhof eine immer geringere Rolle, denn neu in das Rennen im Luftverkehr in, um und über Berlin ist der Flughafen Schönefeld eingetreten, der – wie Tegel – ebenfalls über enorme Möglichkeiten der Erweiterung verfügt. Das Projekt eines Großflughafens Berlin-Brandenburg International wird 1996 verabschiedet. Die Folge wäre das Aus für Tempelhof.

Ende oder neuer Anfang?

Schon 1995, ein Jahr vor dem Beschluss, Tempelhof stillzulegen, regt sich Widerstand. Eine »Interessengemeinschaft City-Airport Tempelhof« tritt für den Erhalt des Flughafens ein. Und sie kann nicht nur mit positiven Umfrageergebnissen, die sie unter den Anwohnern gewonnen hat, argumentieren.

Auch die damals stetig wachsende Zahl von Starts und Landungen auf Tempelhof sprach für sie. Rühriger Vorsitzender der Interessengemeinschaft war 1998 Bernhard Liscutin, im Hauptberuf Chef der belgischen SABENA in Tempelhof. Er kam 1990 zunächst nach Berlin, um hier für sein Unternehmen eine Organisation aufzubauen. Denn bis dahin flogen ja nur die alliierten Luftlinien Berlin an. Bald aber begann er sich für Tempelhof zu engagieren. Das kostet ihn seit Jahren viel Zeit und Mühe, und dabei ist er nicht einmal Berliner. Wo also kommt seine Leidenschaft für Tempelhof her?

»Wenn man, so wie ich, hier seit einigen Jahren arbeitet, dann ist das erst eine kleine Liebe, und die wird dann zur Leidenschaft. Wenn man sich so viel mit dem Flughafen beschäftigt, ist das ganz zwangsläufig. Und wenn man wie ich hier arbeitet und sich dann auch mit der Politik auseinandersetzen muss, die Pläne für den Flughafen, für die Flughäfen in Berlin entwickelt … Je stärker man den Flughafen erforscht und kennenlernt und sich auch mit seiner Geschichte intensiv beschäftigt, umso mehr wird das zur Leidenschaft. Als ich 1990 nach Berlin kam, war es weitgehend meiner Entscheidung überlassen, welchen der drei Flughäfen wir bedienten. Meine Entscheidung für Tempelhof hatte zwei Gründe: Der eine bestand darin, dass im Juni 1990 schon bekannt war, dass die Nachfrage der verschiedenen Luftlinien, in Tegel zu landen, nicht befriedigt werden konnte. Der andere Grund war, dass man mir zur gleichen Zeit im Bundesverkehrsministerium sagte, dass man sich mit dem Gedanken trage, die Behörde hier auf Tempelhof anzusiedeln. Und da wurde mir klar, dass es nichts Idealeres geben kann für uns, als unsere Niederlassung mitten in der Stadt zu etablieren und dann noch in unmittelbarer Nähe zum Verkehrsministerium. Als wir dann anfingen, uns hier zu installieren, bin ich mit dem Haus- und Grundstücksverwalter, der seit 1959 hier ist, durch das Gebäude gegangen, und er hat mir voller Begeisterung alles gezeigt. Und da war ich natürlich sehr angetan. Dann begann ich zwangsläufig, mich mit den Details zu beschäftigen. Warum stehen die Maschinen zum Aus- und Einstieg der Passagiere nicht mehr unter dem Dach? Dazu war es doch ursprünglich vorgesehen. Es mangelte an Treckern, die die Maschinen zum Start wieder rausschieben. Daran arbeiten wir noch. Und dann habe ich mich mit dem Gebäude und seiner Konstruktion befasst. Ich kenne natürlich viele, viele Flughäfen der Welt und bin zu der Erkenntnis gekommen, dass dieser Flughafen, obwohl er 1934/36 konzipiert und von 1936 bis 40 fast fertiggestellt worden ist, immer noch der modernste Flughafen der Welt ist.«

Dies hört sich in unseren Tagen, in denen selbst riesige Bankzentralen in der City von Frankfurt am Main nur noch mit einer Abschreibungszeit von 30 Jahren gebaut werden – danach ist Neubau billiger als Sanierung – mehr als ungewöhnlich an.

»Vom alten Flughafen sind 1938 250 000 Passagiere abgefertigt worden, und der neue Flughafen war für eine Kapazität von 8 Millionen Passagieren aus gelegt. Darüber hinaus war nicht nur ein Flughafen geplant, sondern ein Verkehrs- und Kommunikationszentrum, auch wenn man das damals noch nicht so genannt hat. Hier sollten zehn Restaurants rein, dazu zwei Hotels, Kongressräume und alles, was mittel- oder unmittelbar mit dem Luftverkehr zu tun hat: die Direktion der Deutschen Lufthansa, die Direktion der Reichspost, die Niederlassungen und Hauptverwaltungen der Fluggesellschaften, die Deutschland anflogen. Deswegen ist das Ding so groß geworden. Nicht etwa nur, weil die Nazis gigantisch planten, sondern weil auf Tempelhof alles konzentriert werden sollte. Dazu wurden Anschlüsse mit Eisenbahn, U-Bahn und Bussen vorbereitet. Das Geniale war, dass sie den Eisenbahnanschluss schon vor der Errichtung des Gebäudes fertigstellten. Denn über die Eisenbahn konnte der Erdaushub für dieses Gebäude abtransportiert werden, und mit der Bahn kamen das ganze Baumaterial und die Stahlträger. Das war absolut genial. So ist Tempelhof der einzige Flughafen mit drei Ebenen. Unter dem Passagierterminal ist der Fracht- und Posthof. Das gibt es sonst nirgends. Darüber, auf der Ebene des Vorfelds, wurde die Ankunftsebene mit Zugang zur Bahn und U-Bahn geplant. Darüber wiederum die Abfertigung für die abfliegenden Passagiere. Und 20 Positionen für Flugzeuge, 20 Gates und 20 Warteräume. Absolut genial, besonders wenn man bedenkt, dass die Planung aus den Jahren 1934/36 stammt. Und je mehr ich mich damit beschäftigt habe, glaube ich, dass die Planer von Tempelhof überragende Vorstellungen gehabt haben müssen. Dieser ungeheure Diamant von Flughafen, den die Stadt hat, wurde lange Zeit von der Berliner Politik nicht gesehen, und auch nicht von der Berlin-Brandenburgischen Flughafen-Holding. Die haben nichts anderes im Sinn, als Tempelhof möglichst schnell zu schließen. Dabei ist er von seinen Anlagen her ein idealer City-Flughafen, aus dem man heute mit relativ geringem Aufwand das Verkehrs- und Kommunikationszentrum machen könnte. Heute liegen hier jede Menge Räume brach. Nach meinen Schätzungen sind in Tempelhof noch etwa 20 000 Quadratmeter Büroraum frei. Und dann sind hier viele Mieter, die nichts mit Luftverkehr zu tun haben, wie zum Beispiel der Polizeipräsident mit seiner Behörde. Der Flughafen in seiner ursprünglichen Anlage war ungeheuer genial geplant.

Und das Erstaunliche ist, dass Tempelhof bei der Planung der Zentralflughafen Berlins werden sollte. Aber gleichzeitig hat man daran gedacht, den Flughafen auf Dauer für den innereuropäischen und innerdeutschen Flugverkehr, den Kurz- und Mittelstreckenverkehr, zu nutzen. Und in Rangsdorf, im Süden von Berlin, sollte ein Großflughafen entstehen. Der wäre über die B96, die direkt hier vorbeiführt, bestens erreichbar gewesen. Soweit wurde schon während der Nazizeit vorausgedacht.«

Um die geplante Schließung doch noch zu verhindern, hatten Bernhard Liscutin und andere Interessierte 1995 einen Verein gegründet. Doch wer glaubt, dass diesem Verein nur Mitarbeiter von Fluggesellschaften und anderen Firmen angehörten, deren Job von Tempelhof abhängt, der irrt.

»Lange Zeit wurde von Bürgerinitiativen gegen den Luftverkehr um Tempelhof argumentiert, und die Berliner Presse hat ihnen zugestimmt. Es sei viel zu gefährlich, Flugverkehr in der Stadt zu haben, mit all den bekannten Argumenten. Dem hat sich die Politik angeschlossen, die auf die Wählerstimmen achten muss. Das war gar nicht so schlimm, bis dann eines Tages, Anfang 1994, einer der beiden damaligen Geschäftsführer von der Berlin-Brandenburgischen Flughafen-Holding erklärt hat, dass Tempelhof am 31. Mai 1997 geschlossen werde. Bis dahin sollte ein neues Terminal für 4,5 Milliarden Mark in Schönefeld gebaut worden sein, und dann brauche man Tempelhof nicht mehr. Daraufhin haben wir Airlines hier auf Tempelhof angefangen, uns massiv zu wehren, und Überzeugungsarbeit bei der Berliner Presse geleistet. Nur, die Politik ließ sich nicht überzeugen. Daraufhin ist von Mitarbeitern hier mit 50 bis 60 Leuten im August 1995 eine Art Bürgerinitiative gegründet worden, die sich ›Interessengemeinschaft City-Airport Tempelhof‹ nennt. Und diese Interessengemeinschaft hat dann auch das Gehör der Berliner Presse gefunden und ist mittlerweile auf 1000 Mitglieder angewachsen. Aber die wenigsten haben hier ihren Arbeitsplatz. Das sind 100 bis 120 Mitglieder. Der weitaus größte Teil, mehr als die Hälfte, sind Anwohner aus Neukölln und Tempelhof. Die haben beruflich oder wirtschaftlich nichts mit dem Flughafen gemein. Sie verbindet, dass sie der Flughafen nicht stört, und sie halten Tempelhof für Berlin und den Standort Berlin für wichtig. Das sind eigentlich die Betroffenen des Fluglärms, Privatpersonen, die enorm aktiv mitarbeiten.«

Doch dabei blieb es nicht. Die Interessengemeinschaft ging sehr geschickt vor, sie gab eine Meinungsumfrage unter den

Anwohnern in der Einflugschneise in Auftrag, bevor sie an die Öffentlichkeit trat.

»In dieser Umfrage wurden im März 1996 Ansichten über die Umweltbelastung in Berlin erhoben, und es wurde auch nach dem Flughafen gefragt. Von den 1039 Befragten fühlten sich 90 Prozent vom Luftverkehr um Tempelhof weder gestört noch gefährdet, noch belästigt. Auf der Hermannstraße unmittelbar in der Einflugschneise haben wir dann Unterschriften gesammelt. An einem Tag haben 2000 Passanten für den Erhalt des Flughafens unterschrieben.

Man kann also davon ausgehen, dass der weitaus größere Teil der Leute, die in der Einflugschneise wohnen, nicht die Meinung der Bürgerinitiativen teilen, die den Flughafen weghaben wollen. Und das hat dann auf die Politiker Eindruck gemacht.«

Was mögen die Motive der Anwohner sein, für Tempelhof Partei zu ergreifen?

»Das Erstaunliche der Umfrage war, dass die Befragten in allererster Linie gesagt haben, dass der Flughafen für die Wirtschaft Berlins unverzichtbar sei. Und ein zweites, wichtiges Argument kommt aus der Geschichte. ›Unser Flughafen Tempelhof, der uns das Leben gerettet hat‹, sagen einige, ›muss erhalten bleiben!‹ Das sind die Älteren, die eine geschichtlich-emotionale Verbindung zu Tempelhof durch die Luftbrücke haben. Und dazu kommt, dass in der Zeit, als Tempelhof der einzige große Flughafen war, und Pan American, British European Airways und Air France mit den lauten Düsenmaschinen hierhergeflogen sind, ein fürchterlicher Krach herrschte. Aber heute mit den leisen Maschinen ist das überhaupt kein Problem mehr. Und gefährlich ist der Flugverkehr auch nicht, hieß es. Es gibt eben eine ganze Menge Bürger, die eine sehr positive Meinung zu Tempelhof haben, aber sich nicht engagieren, sondern eine schweigende Mehrheit bilden. Im August 1996 ist dann unsere Interessengemeinschaft von der CDU in Tempelhof eingeladen worden, sich mit anderen ehrenamtlich arbeitenden Vereinen auf dem Rathausplatz zu präsentieren.«

Damit begann die Erfolgsgeschichte der Initiative.

»Zum Beispiel hat die FDP ihren Landesverbandsbeschluss geändert und sich für einen Erhalt von Tempelhof ausgesprochen. Und wir haben auch mit Politikern der CDU Neukölln Führungen auf Tempelhof veranstaltet und haben sie für unsere Sache gewonnen, dann kamen der CDU-Wirtschaftsrat und die CDU-Mittelstandsvereinigung und eine lose Gruppe von 280 Mitgliedern von Industrieunternehmen aus Neukölln, die zu dem Schluss kam, dass sie den Flughafen braucht und nicht darauf verzichten kann. Und schließlich überzeugten wir auch die SPD in den Bezirken. Die Stimmung kippte völlig um.«

Und trotzdem scheint doch, zumindest auf den ersten Blick, die Zukunft von Tempelhof durch die immer größeren Maschinen, die schon auf dem Markt sind oder noch kommen werden, langfristig besiegelt.

»Es gibt in der Luftfahrt zwei parallele Entwicklungen, wir haben eine starke Zunahme des Kurzstreckenverkehrs innerhalb Europas. Für diesen sogenannten Regionalverkehr bieten die Hersteller auch die entsprechenden Flugzeugmuster an. Das sind relativ kleine Flugzeuge mit maximal 120 bis 130 Sitzen, die vielfach mit Turbinenpropellern ausgerüstet sind, oder jetzt auch Düsenmaschinen mit sehr leistungsfähigen, aber sparsamen Triebwerken, die in hoher Frequenz auch im Regionalverkehr eingesetzt werden. Zum Beispiel von Berlin nach Brüssel, Basel oder Zürich. Die Strecken funktionieren wirtschaftlich nur vernünftig, wenn sie mit relativ kleinem Fluggerät mit hoher Frequenz beflogen werden, also dreimal, wenn nicht vier-, fünfmal am Tag. Dafür braucht man keinen Jumbo, abgesehen davon, dass die Boeing 747 für Langstrecken gebaut ist. Wenn man auf dieser Strecke einen Airbus mit rund 350 Plätzen einsetzt, der morgens hin- und abends zurückfliegt, dann hat man bei Weitem nicht das Passagieraufkommen, um wirtschaftlich arbeiten zu können. Es ist wirtschaftlich wesentlich vernünftiger, mit kleinem Gerät zu fliegen. Und dieser Regionalverkehr ist genau der, den wir hier auf Tempelhof bewerkstelligen können. Von der Leistungsfähigkeit der Flugzeuge zum einen und bei den relativ kurzen Start- und Landebahnen zum anderen, können wir hier mit Maschinen bis zum Airbus 319 oder der Boeing 737 arbeiten. Aber das ist eigentlich auch die technologische Obergrenze, was die Rollbahnen leisten können. Auch ein Airbus 310 oder 300 kann hier starten, nur das hat keinen Sinn, denn diese Maschinen können hier nicht mit voller Last hochgehen. Das wäre höllisch laut. Und außerdem sind dafür die Start- und Landebahnen zu kurz. Darum sind die Flugzeuge, die wir ideal einsetzen können für einen Flughafen im Stadtzentrum, Maschinen, die für eine Reisezeit von maximal anderthalb Stunden ausgelegt sind. Es ist für den Passagier höchst interessant, dass er zum Flughafen maximal zehn bis 15 Minuten unterwegs ist, vielleicht zehn Minuten zum Einchecken braucht und schon im Flieger sitzt. Der Zeitaufwand für den Reisenden sieht also so aus: 30 Minuten Anreise, eine Stunde 30 Minuten Flug, das heißt nach zwei Stunden ist er da, wo er hinwill. Wenn also Geschäftsreisende mal eben morgens nach Luxemburg oder Paris fliegen und mittags wieder zurück, dann können sie das bestens von Tempelhof aus tun. Je größer die Entfernung aber ist, desto weniger bedeutend ist auch die Anreisezeit zum Flughafen. Wer sieben oder acht Stunden nach New York fliegt und dafür zwei Stunden in Berlin unterwegs ist, um zum Großflughafen zu kommen, für den spielt das keine große Rolle. Tempelhof ist ideal für Flugverbindungen, die mit hoher Frequenz, relativ kleinem Fluggerät und einfachen Wegen auf dem Flughafen zurechtkommen.«

Und selbst mit dieser Nutzung würde die maximale Kapazität von 8 Millionen Passagieren, für die Tempelhof von seinen Erbauern einmal ausgelegt wurde, nicht erreicht.

»Mit Fluggerät bis zu 100 Sitzen kriegt man keine 6 Millionen Passagiere im Jahr zusammen. Dann müssten hier schon so viele Flüge starten, dass die Belastung für die Anwohner doch ein bisschen zu groß würde. Dann hätten wir wieder die Zeiten von British Airways, Air France und Pan American, die damals mit der Boeing 727-200, der BAC-111 oder der Trident mit 80 bis 100 Passagieren pro Flug in hoher Frequenz hier landeten und starteten. 1971 sind mit diesen Gesellschaften 6,5 Millionen Passagiere von und nach Tempelhof geflogen. Das bedeutete aber den ganzen Tag über alle zehn Minuten und öfter einen Start oder eine Landung. Aber für den europäischen Reiseverkehr von heute zwischen den Metropolen der Europäischen Gemeinschaft könnte man mit dem heute hier eingesetzten Fluggerät 4 bis 4,5 Millionen Passagiere befördern. Das wäre auch wirtschaftlich eine vernünftige Obergrenze. Den europäischen Langstrecken- und den Überseeverkehr kann man nur auf einem Großflughafen, wie dann zum Beispiel Schönefeld, abfertigen. Beide Flughäfen könnten gut mit diesen verschiedenen Aufgabenbereichen nebeneinander bestehen. Was für Tempelhof auch zu vermeiden wäre und vermieden werden kann, ist ein Charterverkehr der Tourismusbranche. Tempelhof sollte ein reiner Linienverkehrsflughafen und kein Pauschalreise-Verkehrsflughafen sein. Dann hätte der Flughafen auch eine wichtige wirtschaftliche Funktion für Berlin.

Entsprechend wäre dann der Flugbetrieb rentabel, das würde wiederum das Gebäude für potentielle Mieter attraktiv machen, Unternehmen, die mehr oder weniger innerhalb der Stadt standortunabhängig sind. Die würden den Anreiz bekommen, sich hier einzurichten. Die meisten Geschäftsreisenden, die das Flugzeug benutzen, kommen aus den Bereichen Banken, Unternehmensberater, Maschinenfabriken, Chemie und Anlagenbau. Jetzt stelle man sich mal vor, Tempelhof würde zu einem internationalen Kommunikations- und Verkehrszentrum und die neuen Mieter bräuchten nur noch mit dem Aufzug runter in die Halle fahren, fliegen nach London in die City und kommen zwei Stunden später wieder zurück. Und andere können sich mit ihren angereisten Gästen in Konferenzräumen hier auf dem Flughafen treffen. Da muss man sich mal vorstellen, welchen Komfort Tempelhof diesen Mietern und ihren Partnern bieten könnte. So eine Adresse gibt es nicht einmal in Frankfurt am Main.«

150 Millionen Mark würde es nach Schätzung des Vereins kosten, Tempelhof zu einem solchen modernen Zentrum auszubauen.

»Tempelhof ist, so wie es geplant wurde, ein integrativer Bestandteil des Stadtbezirks, mit Läden und Restaurants. Allein der Besucherverkehr wäre enorm, wenn man diese alten Planungen realisieren würde. Man muss sich nur an die Planungen von Sagebiel halten. Und das hat er 1934 bis 36 konzipiert. Es ist unglaublich! Wenn man sich einmal intensiv mit diesem Flughafen beschäftigt, dann lässt einen Tempelhof nicht mehr los.«

Und anderen scheint es ähnlich zu gehen. Tempelhof verzeichnete in den 90er-Jahren Zuwachsraten, die für sich sprachen.

»Seit April 1997 haben wir nahezu jeden Monat eine Zunahme an Flugbewegungen und Passagieren von 40 Prozent. Das liegt zum einen daran, dass wir ein Ansteigen des Verkehrsaufkommens insgesamt beobachten – allein Eurowings fliegt achtmal am Tag nach Frankfurt –, und daran, dass jetzt auch mehr Fluggesellschaften hierherkommen, weil allmählich klar wird, dass Tempelhof so schnell nicht geschlossen wird. Eigentlich wollten alle schon immer nach Tempelhof, aber sie fürchteten zu investieren, und dann wird der Flughafen geschlossen. Mittlerweile sind wir 13 Airlines, die Tempelhof anfliegen.«

Der Berliner Verleger Wolf Jobst Siedler gehörte zu den Leuten in der Stadt, die sich einmischten, die mitredeten, wenn es um die Neugestaltung der neuen, alten Hauptstadt nach der Einheit ging. geht. Als Architekturkritiker und nebenberuflicher Stadtplaner war er weit über die Grenzen Berlins bekannt.

Auch zur Zukunft des Flughafen Tempelhof hatte er eine dezidierte Meinung. Wolf Jobst Siedler ist 2013 verstorben, doch seine Ansichten haben nichts von ihrer Aktualität verloren.

»Ja, ich könnte mir vorstellen, dass auf dem heutigen Flugfeld ein zweiter, großer innerstädtischer Tiergarten entsteht. Andere Städte wären selig, wenn sie im Stadtgebiet solch ein Gelände für einen neuen großen Park hätten. Man soll das freie Gelände in einer Stadt nicht einfach verbrauchen, wie es der Senat an anderer

Stelle schon tut, um Geld zu verdienen. Im Falle von Tempelhof sollte man die einzigartige Chance nutzen und aus dem Gelände einen Park machen. Genauere, konkretere Vorschläge habe ich gar nicht. Es soll nur nicht als Baugelände freigegeben werden.«

Nun existiert zwar der Beschluss des Senats, Tempelhof 2002 zu schließen, aber kann sich Wolf Jobst Siedler auch vorstellen, dass der Flughafen erhalten bleibt?

»Es ist keiner so ganz glücklich mit Schönefeld, weil alle ehemaligen West Berliner lange Anfahrtswege haben, sie müssen auf den Berliner Ring fahren und brauchen ungefähr eine Dreiviertelstunde, um dorthin zu gelangen. Es wird kein Weg daran vorbeiführen – eines Tages wird Schönefeld der große Flughafen sein. Glücklich bin ich nicht darüber. Denn die 10 Milliarden, die der Ausbau insgesamt kosten wird, für die könnte man lieber die 30 000 Bewohner Tegels, die unter dem Flughafen Tegel leiden, rauskaufen. Und Tegel könnte zu einem großen, stadtnahen Flughafen ausgebaut werden, dann würde keiner mehr gestört sein. Aber das ist natürlich ein fiktiver Vorschlag, der nicht realisiert wird. Man soll ja nicht Träumen nachhängen. Aber im Grunde ist Berlin in der einzigartigen Lage, dass die Stadt mit Tempelhof und Tegel zwei stadtnahe Flughäfen besitzt, und man sollte nicht allzu schnell davon Abstand nehmen. Da sollte man ganz langfristig denken. Man muss bedenken, was in 30, 50 oder 100 Jahren am sinnvollsten ist.

Tempelhof könnte eine Zukunft haben wie der City Airport in London oder La Guardia in New York. Auch in Paris gibt es Le Bourget neben De Gaulle.«

Verbindet Wolf Siedler eigentlich persönlich etwas mit Tempelhof?

»Natürlich verbinde ich mit Tempelhof, wie alle alten Berliner, die Erinnerung an die ersten Flüge. Es war damals ja der große Zentralflughafen, der größte und modernste der Welt. Nach dem Krieg war es das Fenster der eingeschlossenen Stadt zur Außenwelt, zur freien Welt. Und es gleicht einer Melancholie, dass ich von ihm Abschied nehmen soll.

Privat, persönlich verbinde ich mit dem Flughafen viele Erinnerungen aus der Zeit, als ich, damals im zarten Alter von 25, 26 Jahren, Generalsekretär des ›Kongresses für kulturelle Freiheit‹ war. Ich musste immer unsere Gäste dort abholen, und das waren Persönlichkeiten wie Arthur Koestler, Alan Toynbee, Ignazio Silone oder George Orwell – also die nobelsten Repräsentanten der internationalen Kultur, und es gibt auch viele Bilder, wie ich den schweren Koffer von Arthur Koestler trage. Der Flughafen Tempelhof ist Teil der Geschichte Berlins. Das berühmte Bild von Baluschek, der das Tempelhofer Feld noch als Exerzierplatz malte, der auch noch Vergnügungspark war, die Laubenkolonien. Dann gab es den ersten provisorischen Flughafen der Flugpionierzeit, dann den großen Zentralflughafen der späten Zwanzigerjahre, der dann erst unter Hitler verwirklicht wurde, keine Hitler'sche Planung war, sondern noch in die Weimarer Zeit zurückreicht, und dann das Tor zur freien Welt, um mich formelhaft auszudrücken.«

Was fällt dem Architekturkritiker Wolf Jobst Siedler zum immer noch größten Gebäude Europas ein?

»Ich denke, es ist der typische Geist der späten Zwanziger- und frühen Dreißigerjahre. Wie Sie es im Musée d'Art Moderne in Paris finden, in den Admiralitätsgebäuden in London, es ist eben nicht so ganz das, was wir lieben. Aber es ist ein nobler, im Grunde nicht imperialer, zurückhaltender, zweckmäßiger Architekturbau, eher Industriebau der Zeit zwischen 1928 und 35. Ich finde es auf jeden Fall skandalös, wenn es heißt, man sollte ihn als alte faschistische Architektur abreißen. Dann denke ich: ›Gott, wenn das faschistische Architektur ist!‹ Was sie gebaut hätten, wäre schlimm geworden!«

Was wird nun aus Tempelhof? Ein seit 1995 denkmalgeschützter Dinosaurier, der nur noch vom Glanz alter Tage und seiner Geschichte träumt? Oder ein dynamischer Baukörper im Herzen von Berlin, der seine Geschichte annimmt und wieder Zentrum wird?

Diese Fragen stellten sich schon 1998, zum 75. Geburtstag des Flughafens.

Beantwortet sind Sie – wenn man es genau nimmt – auch zum 100. Geburtstag noch nicht.

Wie es wirklich mit Tempelhof weitergehen wird, kann nur die Zukunft zeigen. Ein kleiner, persönlicher Eindruck sei hier noch vermeldet. Wir haben bei der Recherche zu diesem Buch keinen einzigen Gesprächspartner gefunden, der sich für das Aus von Tempelhof ausgesprochen hätte. Das ist, wie gesagt, ein subjektiver Eindruck, aber er muss deswegen ja nicht falsch sein.

Also dann: Happy Birthday, Tempelhof!

So endete die Geschichte 1998. Noch gab es Hoffnung für eine dynamische Zukunft.

Det is Berlin – ein Abgesang

Die vergangenen 25 Jahren, seit dem der 75. Geburtstag des »Zentralflughafen Tempelhof« begangen wurde, lassen sich – leider – ziemlich schnell erzählen.

Es sind die Jahre eines verlorenen Kampfes um den Erhalt des Flugbetriebes, dem Ende von Tempelhof als Flughafen und des Dornröschenschlafes eines zum Denkmal erstarrten Riesen, der mittlerweile seit 15 Jahren anhält.

Wobei der Begriff »Denkmal« inzwischen wortwörtlich zu nehmen ist. Als »Dokument der Luftfahrt, Architektur und Bautechnik des 20. Jahrhunderts« wurde der Flughafen schon 1995 – also noch während der Flugbetrieb lief – unter Denkmalschutz gestellt. Ein Denkmalpflegeplan wurde 2012 bis 2015 erstellt und ist die Grundlage für alle Modernisierungs- und Instandsetzungsmaßnahmen.

Doch der Reihe nach.

1996 fiel der Beschluss, den Flughafen Schönefeld zum sogenannten »Single Airport« für die Hauptstadt und die Region auszubauen. »Berlin Brandenburg International« sollte den Flugverkehr von und nach Berlin komplett übernehmen. Sobald die Baugenehmigung für BBI rechtskräftig sei, sollte Tempelhof als Verkehrsflughafen schließen, mit Beginn des Flugverkehrs dann auch Tegel.

Ironisch könnte man in der Rückschau sagen: Nur die Schließung von Tempelhof »klappte« halbwegs nach Plan. Der Rest der Berliner Flughafenplanung entwickelte sich im Laufe der Jahre zum Desaster.

Am 5. September 2006 begannen die Bauarbeiten, fünf Jahre später, im November 2011 sollte der Flugbetrieb aufgenommen werden. Doch fehlerhafte Bauplanung, eine mangelhafte Bauaufsicht, Missmanagement der politisch Verantwortlichen und darüber hinaus umfangreiche technische Mängel am Flughafen selbst ließen die Eröffnung immer wieder platzen. Insgesamt sieben Mal wurde der Eröffnungstermin verschoben. Statt im November 2011 konnte BER (so mittlerweile das internationale Kürzel für den Flughafen) erst im Oktober 2020 eröffnet werden: 14 Jahre nach dem ersten Spatenstich und zwölf Jahre nach dem »Aus« für Tempelhof.

Zehn Jahre, von 1996 bis 2006, hatte es gedauert, bis nach allen bürokratischen Hürden, auch das Bundesverwaltungsgericht grünes Licht zum Ausbau von BBI gab. Von da ab lief der Countdown zur Schließung von Tempelhof und der Regierende Bürgermeister Klaus Wowereit war fest entschlossen, Tempelhof zum 31. Oktober 2008 endgültig zu schließen

Doch die »Interessengemeinschaft City-Airport-Tempelhof«, die seit den 90er-Jahren für einen Erhalt von Tempelhof gekämpft hatte, gibt nicht auf. Mit Unterstützung vieler prominenter Berliner und dem Wohlwollen großer Teile der ehemals West-Berliner Bevölkerung, sammelt sie Stimmen zur Einleitung eines Volksbegehrens im Februar 2008. Am 27. April 2008 ist dann die Zeit für den Showdown gekommen: Die Berliner entscheiden in einem Plebiszit über die Zukunft von »Tempelhof als Verkehrsflughafen«!

Genau 2438034 Millionen wahlberechtigte Berliner waren zur Stimmabgabe aufgerufen. Das Volksbegehren hätte mit »Ja« stimmen müssen.

In den Tagen vor der Volksabstimmung tobt noch einmal der politische Streit der Parteien und ihrer Vertreter: Brandenburgs Ministerpräsident Matthias Platzek, SPD, und sein Parteifreund der Regierende Bürgermeister von Berlin, Klaus Wowereit, fürchten unkalkulierbare Risiken für den Weiterbau des neuen Großflughafens. Der Berliner CDU-Fraktionschef Friedbert Pflüger und auch die Berliner FDP fordern dagegen den Weiterbetrieb von Tempelhof.

Und auch Bundeskanzlerin Angela Merkel outet sich als Befürworterin des »Zentralflughafens«.

Für Wowereit war dies ein »durchsichtiges parteipolitisches Manöver«, und überhaupt sei der Senat an den Ausgang des Volksbegehrens nicht gebunden: Basta!

Laut einer Umfrage der *Berliner Zeitung* hatten im Vorfeld 47 Prozent der Abstimmungsberechtigten angegeben, zur Wahl zu gehen. 49 Prozent der Befragten sind für einen Weiterbetrieb von Tempelhof, aber auch 40 Prozent dagegen.

Einen Tag nach dem Referendum titelt der *Tagesspiegel*:

»Tempelhof ist jetzt Geschichte. Der Volksentscheid für den Flughafen scheiterte an 80000 fehlenden Ja-Stimmen. Unterstützung war im Westen deutlich größer.«

Viel mehr ist dazu auch nicht zu sagen.

Die Betriebsgenehmigung hatte die Berliner Flughafengesellschaft ohnehin bereits zum 31. Oktober 2008 widerrufen und letztinstanzlich bestätigen lassen. »Diesen Widerruf hatte die Flughafengesellschaft beantragt, weil sie sich von dem Verlustbringer Tempelhof trennen wollte, um die Ausbaufinanzierung für den Flughafen Berlin-Brandenburg International (BBI) in Schönefeld zu erleichtern«, so der *Tagesspiegel*.

Und:

»Insgesamt gingen in den Westbezirken mehr Menschen in die Abstimmungslokale als im Osten und die Zustimmung für

Tempelhof war im Westen deutlich höher als in den östlichen Bezirken. Selbst in Treptow-Köpenick, wo vermutet worden war, dass es dort besonders viele Ja-Stimmen geben würde, um bei einem Erfolg des Volksentscheides den Ausbau Schönfelds zum Flughafen Berlin-Brandenburg International (BBI) nachträglich verhindern zu können, gab es bei einer Wahlbeteiligung von 33,2 Prozent keine Mehrheit für Tempelhof. 44,2 Prozent stimmten mit Ja, aber 55,6 Prozent mit Nein.«

Insgesamt belegen die Zahlen: Die Mehrheit der Wahlberechtigten in den ehemals West-Berliner Bezirken haben für den Erhalt von Tempelhof gestimmt. Im Bezirk Tempelhof-Schöneberg waren es 70,1 Prozent, bei einer Wahlbeteiligung von nur 33,1 Prozent.

Was die Befürworter von Tempelhof wohl unterschätzt hatten: Der Airport und seine Geschichte waren 18 Jahre nach der Einheit zu einem West-Thema geschrumpft. Über West-Berliner Gründungsmythen und Erinnerungen an die Luftbrücke war die Zeit hinweggegangen.

Da nützte es auch wenig, dass der Oppositionsführer Friedbert Pflüger auf einer Veranstaltung am Flughafen noch Optimismus verbreitete und Gunter Gabriel die Stimmung anheizte.

Der Regierende Bürgermeister Klaus Wowereit pflegte an diesem Sonntag jedenfalls sein Privatleben. An der Abstimmung teilgenommen habe er, bestätigt die Senatskanzlei die Anfrage des *Tagesspiegel*, aber ohne Medienrummel. Gefeiert hat er dann aber doch an diesem Abend: die Filmproduzentin Regina Ziegler hatte zum 35. Firmenjubiläum geladen.

Unter den Passagieren und den Airlines hatte längst die »Abstimmung mit den Füßen« begonnen.

Flogen 1997 noch 13 Fluggesellschaften den »Zentralflughafen« an, so waren es zehn Jahre später nur noch drei Liniengesellschaften. Das Passagieraufkommen liegt bei mageren 350 000 Fluggästen.

Die große Lufthansa hatte sich, seitdem sie Berlin wieder anfliegen durfte, für Tegel entschieden. Nach und nach zogen sich auch ihre Tochter-Airlines Eurowings und Germanwings von Tempelhof zurück.

Am 30. Oktober 2008 ist es dann so weit.

An einem verregneten Donnerstag endet mit einer Abschiedsgala für geladene Gäste der letzte Betriebstag des »Zentralflughafens Tempelhof«. Eingeladen hatte der Flughafen Berlin-Schönefeld GmbH, der Betreiber aller Berliner Flughäfen. Lachs in Orangen, Hirschkeulenbraten in Calvados-Rahmsauce und Schokoladen-Tarte erwartete die Gäste auf den zum Buffet umfunktionierten Gepäckbändern.

Wohl nicht alle geladenen Gäste erschienen. *Die Welt* berichtete am anderen Tag, dass die Mitglieder der Industrie- und Handelskammer dem Event demonstrativ fernblieben. Der Flughafen Tempelhof ist endgültig Geschichte: *Welt* vom 31. 10. 2008.

Die *Frankfurter Allgemeine* nahm sich zum Abschied von Tempelhof noch einmal der politischen Hintergründe an:

»Es war klar, dass diese Entscheidung eine parlamentarische Mehrheit hat. Dennoch entstand um die Schließung Tempelhofs eine skurrile politische Allianz. Eine ungewöhnlich finanzstarke Bürgerinitiative zog alle Register, die Berliner Blätter des Zeitungshauses Springer fuhren schwerstes rhetorisches Geschütz auf, ein amerikanischer Investor wollte – angeblich nur, wenn dort weiterhin Flugverkehr stattfände – im Flughafengebäude ein Medizinzentrum gründen. CDU und FDP nutzten den Kampf für Tempelhof, um nach sieben Jahren Rot-Rot einmal Muskeln zu zeigen. … In anderer Hinsicht hat der Kampf für Tempelhof schon in die Geschichte eingegriffen. Künftig müssen Volksbegehren ihre Geldquellen offenlegen. Inzwischen ist bekannt geworden, dass das Volksbegehren für Tempelhof vom Unternehmer und passionierten Privatflieger Reinhold Würth unterstützt wurde, der eigentlich in der schönen Stadt Künzelsau im Hohenlohischen beheimatet ist.«

Ein Airbus A 380, das größte Passagierflugzeug der Welt, im Anflug auf Tempelhof.

Vor der abgesperrten Abflughalle hatten sich die Freunde des Flughafens mit Grablichtern und Trillerpfeifen versammelt. Aber Kritik gab es auch in der Halle. Der Regierende Bürgermeister Klaus Wowereit musste Buhrufe hinnehmen, als er erklärte, es sei richtig, dass der Flugbetrieb jetzt eingestellt werde.

Dann spielte das Berliner »Swing Dance Orchester« unter Leitung von Andrej Hermlin. Den Sohn des DDR-Schriftstellers Stephan Hermlin, selbst ein Befürworter von Tempelhof, zitiert der *Tagesspiegel* am nächsten Tag: »Dann stellt Hermlin einen Vergleich an, den viele im Saal nachvollziehen können: Bei der Wiedervereinigung 1990 hätten eine Menge Ostdeutsche das Gefühl gehabt, ›überfahren worden zu sein‹, sagt er. ›So ähnlich geht es jetzt auch im Westen den Anhängern des Flughafens.‹«

Und die *Berliner Zeitung* zitiert ihn: »Ich bin mir sicher, dass wir in zehn bis 15 Jahren die Schließung bedauern werden.«

Und der Countdown läuft:

Um 21:17 Uhr erschallt ein letzter Aufruf für den letzten Linienflug, der Tempelhof verlassen soll. Eine Dornier 328 der Cirrus Airlines startet um 22:17 Uhr – mit Verspätung – Richtung Mannheim.

Um 23.41 Uhr rollten dann, wie von den Veranstaltern geplant, zwei Oldtimer als allerletzte Maschinen an den Start: Vorneweg eine DC-3, ein sogenannter »Rosinenbomber« des Air Service Berlin, dahinter eine Ju 52 der Deutsche-Lufthansa-Berlin-Stiftung.

»Doch plötzlich stoppte die Tante Ju«, berichtete der *Tagesspiegel*, »ein Techniker eilte hin, die Kabinentür wurde geöffnet und ein kleiner altertümlicher Koffer, den im Stil der Dreißigerjahre gekleidete Kinder kurz vor dem Start gebracht hatten, wurde wieder ausgeladen, zu den wartenden Fotografen und Kameraleuten zurückgetragen und samt seinem Aufkleber präsentiert: ›Ich hab noch einen Koffer in Berlin‹.«

Zu »Time to say good-bye« hoben beide Maschinen um 23:55 Uhr ab.

Fünf Minuten bevor nach 85 Jahren die »luftfahrtrechtliche Zulassung« für den Zentralflughafen erlosch.

Jahre nach diesem historischen Bild ist die Diskussion nicht verstummt, ob Tempelhof nicht doch eine sinnvolle Ergänzung zum »großen« Flugverkehr auf dem inzwischen eröffneten Berliner Flughafen BER wäre.

Aber das Ende des Flughafens Tempelhof war eben politisch gewollt. Die Zukunft zog am alten Flughafen vorbei. Besser als viele Worte zeigt es das beinahe schon ikonische Foto auf der gegenüberliegenden Seite, aufgenommen im Sommer 2008: Die Moderne – ein Airbus A 380 – lässt Tempelhof zurück.

Ironie der der Geschichte: Auch der A 380 ist heute ein Auslaufmodell.

Und Tempelhof?

Ob die Entscheidungsträger von damals heute noch ihrer Meinung sind?

Ein Flughafen ohne Flugverkehr ist eben kein Flughafen mehr. Tempelhof ist ein riesiger Baukörper, der seit 2008 seiner Bestimmung beraubt ist.

Mancher Airliner und mancher Luftfahrtenthusiast hatten davor gewarnt, auf ein positives, weil auch lukratives Beispiel verwiesen, dem Tempelhof hätte nacheifern können, der vielleicht sogar Vorbild war: dem Londoner City Airport. (Wolf Jobst Siedler hatte ihn bereits in unserem Gespräch 1998 erwähnt.)

LCY, 1987 eröffnet, ist ein internationaler Flughafen, in den Londoner Docklands in unmittelbarer Nähe zum Finance District, speziell für Geschäftsreisende gebaut, die schnell zu ihren Terminen in die City wollen und im Zweifel kurz darauf schon wieder abfliegen wollen.

Der Airport liegt von allen fünf Londoner Flughäfen der Innenstadt am nächsten und ist bestens in das Nahverkehrssystem der britischen Hauptstadt eingebunden. Über dreißig europäische Destinationen von A wie Amsterdam bis Z wie Zürich werden von hier aus angeflogen, darunter Berlin, Frankfurt und Düsseldorf.

Dazu wird LCY auch aus allen Teilen Englands, Schottlands und Wales angeflogen.

Billigflieger sucht man hier vergebens im Flugplan. Es sind die großen etablierten Carrier wie British Airways, Lufthansa, SWISS oder LOT, die hier ihre Passagiere finden. Dazu auch zwei exklusive Charterfirmen, die den ganz exklusiven Markt bedienen. Es gibt ein Nachtflugverbot und auch am Wochenende zwischen Samstag und Sonntagmittag ruht der Verkehr. Darüber hinaus sorgt ein spezielles An- und Abflugverfahren dafür, dass die Anwohner so wenig wie möglich durch Fluglärm belästigt werden.

»Hier wird die Abfertigung der Flugzeuge perfektioniert. Wenn Sie zwanzig Minuten vor dem Abflug einchecken, ist das vollkommen ausreichend. Die kurzen Wege innerhalb des Flughafens … sorgen dafür, dass Sie ganz schnell auf ihrem Platz sitzen und sich wieder um andere Dinge kümmern zu können. …

30.10. 2008: Kurz vor Mitternacht verabschiedet das Flughafenpersonal einen alten »Rosinenbomber«. Symbol für die Luftbrücke.

Hier ist man effizient, strukturiert und routiniert – und bringt Sie schnell an Bord« – schreibt stolz england.de über London City.

Diese Aussagen könnten auch auf Tempelhof zutreffen.

Und noch Besseres, denn auch von London City braucht der Passagier 20 bis 30 Minuten bis in die Innenstadt. (Vom Platz der Luftbrücke bis zum Pariser Platz dauert es mit der U 6 rund 20 Minuten. Vom BER zum gleichen Ziel sind es zwischen 40 und 70 Minuten!)

Was die fliegerische Seite der beiden Flughäfen angeht, sind auch da viele Parallelen.

Beide Flughäfen haben Runways, die für moderne, große Maschinen ungeeignet sind.

Beide Flughäfen sind darum für kleinere Maschinen mit zahlungskräftigen Passagieren – sei es nun im Business- oder Tourismusbereich – bestens geeignet. Sei es im Linienverkehr oder in den Bereichen der General Aviation, der kleinen und größeren Privat-Maschinen.

Mehr als 3 Millionen Passagiere nutzen jedes Jahr London City, bis 2030 sollen es 8 Millionen sein.

Und Tempelhof? Auch Tempelhof ist von Anbeginn auf eine Kapazität von 8 Millionen Passagieren im Jahr ausgelegt worden. Aktuell aber hat der stillgelegte Flughafen Tempelhof nur eine »Vision 2030 +«, wie es die landeseigene Betreibergesellschaft »Tempelhof Projekt GmbH« auf ihrer Homepage beschreibt:

»Das Flughafengebäude Tempelhof trägt das Experiment im Herzen, es traut sich, Gegensätze auszuhalten. Es zeigt die Kunst, Kultur und Kreativität, für die der Standort stehen soll, ganz nah, zum Anfassen, Mitmachen und Erleben. Es setzt Impulse mit seinem Auftreten. … Die schrittweise Erarbeitung eines Nutzungskonzeptes soll diese Grundsätze aufnehmen.«

Immerhin heißt es, dass die aktuell nutzbaren Flächen des Gebäudes komplett vermietet seien.

Die Frage stellt sich trotzdem:

Wurden mit der Schließung von Tempelhof ohne Not Chancen verpasst, wirtschaftliche Entwicklungsmöglichkeiten, die Berlin so dringend brauchte und braucht, ohne attraktive Alternative ausgeschlagen?

Doch auch die Beantwortung dieser Fragen dürfte aktuell müßig sein. Die Betriebsgenehmigung für den Flughafen ist seit 2008 erloschen. Ob es möglich sein könnte, sie erneut erfolgreich zu beantragen?

Der Berliner Professor für Luftverkehrsrecht, Elmar Giemulla, gehörte zu den Experten, die schon in den 90er-Jahren gegen die Schließung von Tempelhof argumentiert haben.

»Es ist wirklich eine Schande. Mit Tempelhof hat der Berliner Senat ein Juwel aus den Händen gegeben, dass es so wohl nie wieder bekommen wird. Auch wenn eine Wiedereröffnung des Flughafens – rein theoretisch – natürlich möglich wäre. Nur dazu müsste das Planfeststellungsverfahren des BER neu aufgerollt werden, in dem die Schließung von Tempelhof und Tegel festgeschrieben ist. Und dann müsste ein neues Planfeststellungsverfahren für Tempelhof in Gang gesetzt werden – inclusive Bürgerbeteiligung. Dabei würde dann wohl die Frage des Fluglärms eine entscheidende Rolle spielen. Rein luftrechtlich wäre das alles möglich. Aber es bedürfte eines politischen Willens. Aber man soll ja die Hoffnung nicht aufgeben.

Totgesagte leben bekanntlich länger!«

Zum 100. Geburtstag, 15 Jahre nach Einstellung des Flugverkehrs ist das einst größte Gebäude Europas ein Sanierungsfall, man könnte auch sagen: ein Fass ohne Boden. 2 Milliarden Euro würde eine ordentliche Sanierung des Baudenkmals nach Expertenmeinung kosten. Und ob der einstige Flughafen jemals wieder schwarze Zahlen schreiben wird, steht in den Sternen.

Wenige Monate vor dem Geburtstag sorgte der Jubilar aber trotzdem für positive Schlagzeilen: »Klasse Terrasse. Ein Tower mit Blick über die Tempelhofer Freiheit«, titelte der *Tagesspiegel* und berichtete, über die Eröffnung des frisch sanierten westlichen Gebäudeteils mit der nun fertigen Aussichtsplattform im Schatten des alten Towers. Knapp 30 Meter über dem ehemaligen Flugfeld können die Besucher einen Blick auf die Berliner Skyline genießen und sich danach in einer Ausstellung über die Geschichte des Flughafens informieren.

Tempelhof hat also eine neue Attraktion für die Berliner und die Berlin-Touristen. Schon seit Jahren ist der Flughafen das Ziel von Luftfahrtenthusiasten, die sich durch die alten Gemäuer führen lassen und die ausgestellten Oldtimer der Luftfahrt bestaunen. Eine Erfolgsgeschichte, wenn man so will – aber eben rückwärtsgewandt.

Das Tempelhofer Feld ist längst als Freizeitoase von den Berlinern angenommen. Eine riesige Freifläche, die zum Spazierengehen und Sonnenbaden einlädt. Inlineskater und Kite-Surfer nutzen die alten Runways, deren Belag langsam auch in die Jahre kommt.

Immer wieder wird auch eine Bebauung oder zumindest Randbebauung dieses Areals diskutiert – ebenfalls eine unendliche Geschichte.

Die Sanierung des Kopfbaus West und des Towers hat 39,9 Millionen Euro gekostet. Im nächsten Schritt soll die gesamte Dachfläche saniert und für Gäste geöffnet werden. Da schließt sich ein Kreis: den Plan hatte bereits der Architekt Ernst Sagebiel. Er hatte Zuschauertribünen für Flugschauen geplant. Heute fehlen die Flugzeuge – zumindest in der Luft. Eine Ironie der Geschichte.

Wie mag es weitergehen mit dem Zentralflughafen Tempelhof? Auch auf diese Frage gibt es zurzeit keine seriöse Antwort.

Aber es gibt Visionen: eVTOL, Fluggeräte, die elektrisch betrieben, senkrecht starten und landen können, könnten die Zukunft von Tempelhof sein. Auf dem Greentech Festival präsentierte im Juni 2023 das Berliner Startup-Unternehmen Nex Aero seinen Prototyp. Er fliegt extrem leise mit Strom und wird mit Wasserstoff angetrieben. Eine Reichweite von »500+ km«, wie es auf der Homepage heißt, würde Verbindungen nach Kopenhagen oder München erlauben. Auch aus dem Umland von Berlin wäre der Einsatz eines solchen »Lufttaxis« denkbar, ökonomisch und ökologisch sinnvoll – und ohne den heute noch unvermeidbaren Fluglärm! Von Leipzig nach Tempelhof, zum Termin mit dem öffentlichen Nahverkehr in die Stadt und wieder zurück – leise und sauber.

Noch ist das Zukunftsmusik. Doch es gibt Ingenieure und Wissenschaftler, die an dieser Vision arbeiten.

Dann hätte die blaue Neonschrift, die jede Nacht die Vorfahrt einsam erleuchtet, auch wieder ihren Sinn:

Zentralflughafen

Literatur

Berliner Festspiele GmbH (Hrsg.): Die Reise nach Berlin. Berlin 1987.

Dies. (Hrsg.): Berlin, Berlin. Die Ausstellung zur Geschichte der Stadt. Berlin 1987.

Benz, Wolfgang: Berlin – von der Viermächtekontrolle zur geteilten Stadt. In: Informationen zur politischen Bildung, 259/1998.

Bisky, Jens: Berlin – Biographie einer großen Stadt. Berlin 2019.

Conin, Helmut: Gelandet in Berlin. Zur Geschichte der Berliner Flughäfen. Berlin 1974.

Deutsche Lufthansa AG (Hrsg.): Die Zeit im Fluge. Geschichte der Deutschen Lufthansa 1926 bis 1990. Köln 1990.

Halvorsen, Gail S.: The Berlin Candy Bomber. Bountiful 1997.

Hechelhammer, Bodo V.: John Wayne auf dem Kurfürstendamm. Wie Genghis Khan das geteilte Berlin 1956 eroberte. In: Werner Breunig u. Uwe Scharper (Hrsg.): Berlin in Geschichte und Gegenwart. Jahrbuch des Landesarchivs Berlin 2016, Berlin 2017, S. 153–170.

lshoven, Armand van: Udet. Biographie. Wien, Berlin 1977.

Kohl, Helmut: Ich wollte Deutschlands Einheit. Dargest. von Kai Diekmann und Ralf Georg Reuth. Berlin 1996.

Koop, Volker: Kein Kampf um Berlin? Deutsche Politik zur Zeit der Berlin-Blockade 1948/1949. Bonn 1998.

Küper, Mechthild: »Abschlussbad in Tempelhof«, FAZ 31. 10. 2008.

Meyer, Peter: Das große Luftschiffbuch. Mönchengladbach 1976.

Nowarra, Heinz J.: Die deutsche Luftrüstung 1933–1945, Bd. 3. Koblenz 1993.

Ott, Günther: Die letzten Verkehrsflüge der alten Lufthansa in: Luftfahrt International 5/1980 S. 204 ff.

Reichhardt, Hans J./Schäche, Wolfgang: Von Berlin nach Germania. Über die Zerstörungen der Reichshauptstadt durch Albert Speers Neugestaltungsplanungen. Berlin 1984.

Schmitt, Günter: Als die Oldtimer flogen. Die Geschichte des Flugplatzes Berlin-Johannisthal. Berlin 1987.

Schmitz, Frank: Flughafen Tempelhof. Berlins Tor zur Welt. Berlin 1997.

Sereny, Gitta: Albert Speer. Das Ringen mit der Wahrheit und das deutsche Trauma. München 1995.

Speer, Albert: Erinnerungen. Berlin 1969.

Trunz, Helmut: Tempelhof – Der Flughafen im Herzen Berlins. München 2008.

Uhse, Beate: Mit Lust und Liebe. Mein Leben. Berlin 1989.

Wachholz, Horst: Erlebnisse aus 35 Jahren Flughafentätigkeit. Folge 1–4. In: Gateliner. Zeitung für die Mitarbeiter des Flughafens Tegel (Heft 2–5/1998).

Wagner, Wolfgang: Hugo Junkers. Pionier der Luftfahrt – seine Flugzeuge. Bonn 1996.

TV

Paeschke, Carl-Ludwig: »Happy Birthday, Tempelhof«. ZDF 1998.

Online

Flughafen Tempelhof thf-berlin.de

england.de

Bildnachweis

Alexander Stöcker 2, 45, 46, 47, 48, 49, 50, 51, 55, 58, 61, 63, 68, 70, 76, 98, 105, 109, 114, 122

Archiv für Kunst und Geschichte, Berlin 24, 127 Horst Maack, 131, 133 Gert Schütz, 134, 143, 159, 161, 162, 171, 175

Bildarchiv Preußischer Kulturbesitz, Berlin 14

Imago images/POP-EYE 198

Landesbildstelle, Berlin 125

Lufthansa-Bildarchiv 31, 35, 47

picture alliance/Heinrich Sanden Jr. 165

Ullstein Bilderdienst, Berlin 137, 139, 179